JN018800

純ジャパニーズの
迷わない英語勉強法
増補版

上乃 久子
Hisako Ueno

小学館新書

プロローグ

　本書の単行本が刊行されたのは、2017年4月でした。私にとって初の著書となった本は、想像をはるかに超える多数の方々に読んでいただき、版を重ねていくことができました。

　予想外の反響の大きさに驚きつつも、「やっぱり！」という気持ちがあったのも事実です。なぜなら、本の刊行を通じて多くの人たちが抱いている英語に対する関心と熱量の高さを再確認できたからでした。

　あれからちょうど4年の歳月が経過しました。そして今、世の中を見渡してみると、周囲の環境は大きく様変わりしています。

　その大変化を引き起こした主な要因は、まぎれもなく新型コロナウイルス感染症です。この感染症が世界的に広がった2020年春以降、人々の日常生活や働き方はそれまでとは一変してしまいました。そして今、世界中の人たちが新しい生活様式を取り入れようと奮闘しています。

　今回のパンデミックの影響で自由に海外渡航ができなくなり、以前のように外国で現地の人たちとコミュニケーションを図るのは非常に難しい状況です。

では、それに伴い、英語の必要性は後退してしまったのでしょうか？　興味深いことに、そう思っている人はほとんどいないのではないかというのが私の実感です。

　そこで今回の新書版では、前回の単行本では想定していなかった「新型コロナウイルス禍」時代の英語の学習法について新たな情報をできる限り多く盛り込んでいきました。

　ネットを使った学習法は、４年前に増して進化のスピードを速めています。これまで対面式の授業を行ってきた英会話スクールの中には、オンラインによる英会話レッスンを始めたところも出てきました。そうであれば、リモートワークやステイホームを迫られるピンチの今だからこそ、英語を学ぶ絶好の機会が訪れたと捉えたほうがいいのではないでしょうか。今学んだことは、コロナ終息後に必ず活きてくるはずです。

● 外国のメディアで働くということ─────

　私は現在も、アメリカの日刊新聞社ニューヨークタイムズの東京支局で記者として働いています。

　日本語で取材した内容を英語のネイティブスピーカーの特派員に通訳したり、記事のベースとなる英文の取材レポートを書いたりするのが主だった仕事です。その一方で、自分で取材したテーマが署名記事になる機会も増えてきました。

初めて会う人に、こうした自分の仕事について説明すると、かなりの確率で次のような反応が返ってきます。

　「えっ、そうなんですか？　じゃあ、やっぱり帰国子女ですか？」

　もうすっかり慣れてしまいましたが、こう言われると、どこかでまだ恐縮している自分がいます。なぜなら私は、相手の予想とは裏腹に、「帰国子女」でもなければ、「ネイ

Hisako Uenoと署名された、ニューヨークタイムズの記事
（2021.03.10）
https://www.nytimes.com/2021/03/10/business/
japan-fukushima-nuclear-waste.html

The New York Times

Furor in Japanese Tou

When a mayor volunteered his tow
10 years after the Fukushima disas

By Ben Dooley and Hisako Ueno

March 10, 2021　Updated 7:03 p.m. ET

SUTTSU, Japan — It seemed lik
locations for storing spent nucle
tectonics. It put out a call for loca

Haruo Kataoka, the mayor of an

ティブ」のように完璧な発音で英語を話せるわけでもなく、スラスラと文章が書けるわけでもないからです。

さらに言うと、これまでの人生で留学をした経験もなければ、英語圏で1カ月以上の海外滞在を体験したこともありません。

ここ数年ですっかり定着した感のある「純ジャパ」という言葉は、「留学の経験がなく、長期の海外生活の経験もない（つまり帰国子女ではない）、日本の学校で英語を学んだだけの人」を指すそうです。瀬戸内海沿いの小さな町に生まれ育ち、幼いころに外国語に触れる機会が一切なかった私は、まさにこの「純ジャパ」に該当するのです。

そんな自分が、よりにもよって、世界で最も有名な新聞の1つとも言える『ニューヨークタイムズ』で仕事をしている……。今振り返っても、「いったい何がどうなって、そうなったのか？」と、自分でも不思議に感じることがあります。

現在の仕事に就くまでの私は、バイリンガル雑誌、翻訳会社、同業他社であるロサンゼルスタイムズ東京支局、JICA（独立行政法人国際協力機構）で働いてきた経歴があります。いずれの職場でも英語の実践力が求められたため、私は常に自分の英語力を上達させなくてはいけないという強迫観念に近いほどの思いを抱き、努力を重ねてきま

した。

ところが、いくら英語を使っても、いくら知識を増やしても、これで十分と思える瞬間は一度もありませんでした。英語に対する私の情熱は相変わらず冷めず、仕事の傍ら、通訳者・翻訳者養成学校として知られるサイマル・アカデミーの同時通訳科で学び、同科を修了するに至ります。

私にとって、英語はアスリートの筋肉のようなもの。鍛え続けなければ衰えてしまうので、常にトレーニングが欠かせないのです。

●「アウトプット」が英語の「カギ」

そもそも、留学経験者や帰国子女でなければ上手に英語を操るのが難しいのでしょうか？もちろん、そんなことはありません。留学経験者や帰国子女だとしても、専門的な英語を使って仕事ができる人は限られています。

その一方で、私のように「純ジャパ」であるにもかかわらず、日常的に英語を使ってバリバリ仕事をしている人はたくさんいます。

肝心なのは、長い年月をかけて学んできた英語をうまく「アウトプット」できるかどうかだと私は考えています。

とにかく日本人は「インプット」ばかりに重きを置きすぎて、「アウトプット」をおろそかにしがちです。

単語を覚える……。構文を覚える……。黙々と英文読解

に励む……などなど、ひたすらストイックに英語を学んで
いくのです。

　確かに机にかじりついて、1人でコツコツとインプット
作業をしていると、「勉強をしている！」という充実感を
得られるかもしれません。しかし、言葉は基本的にコミュ
ニケーションの手段であり、アウトプットがあるからこそ、
本来の役割を果たせるのです。

　インプットばかりしていたら、言葉の最も重要な役割で
ある「他者とのコミュニケーション」という醍醐味を味わ
うことはできません。

　事実、多くの日本人がアウトプットに相当する「スピー
キング」や「ライティング」ができないと言って嘆いてい
ます。

　総合的な英語力の基礎となるインプットも重要です。そ
れと同時に最終的なアウトプットにも力を入れ、「何を伝
えたいのか」「なぜ伝えたいのか」という目的意識を強く
持ちながら勉強していくことが英語上達のカギとなるので
す。

● ある日突然訪れる上達の実感 ──────────

　「英語ネイティブでもなく、帰国子女でもない私だから
こそ、伝えられる英語の勉強法があるのではないか……」
　そう思ったのが、本書を書き始めたきっかけでした。

英語を外国語として習得し、それを実際に活用すること
に関しては、帰国子女や留学経験者の人たちと比べても一
切引けを取らないという自信が私にはあります。

　「しっかり」と基本を繰り返し練習すれば、必ず英語は
使えるようになります。外国にわざわざ出かけなくても、
日本にいながらにして英語力をアップさせることが十分可
能なのです。

　新書になったこの増補版の基本的な考え方は、単行本の
ときと変わらず「英語の習得に近道はなし」というもので
す。

　数か月勉強しただけで実践的な英語力を身に付けられる
わけではありませんし、奇をてらった方法を使う必要もな
いのです。

　私自身、これまで「英語学習にはもっと近道があるので
はないか？」とか、「このスキルはもっと短期間に習得で
きるのでは？」などと考えを巡らせてきました。かつての
自分を思い返すと、恥ずかしながら、ずいぶんと英語勉強
法に迷ってきたな、と感じます。

　しかし、「そんなものはない」と気が付いてからは、自
分のやり方に迷いがなくなりました。

　そのような経験もあり、この本のタイトルには「迷わな
い」という文字を入れています。

　短期間で成果を出すことだけを考え、間違った勉強の仕

方に時間を費やしている人も少なくありません。学び方を間違えば、いつになっても英語力を身に付けることはできず、時間だけを浪費する結果になるでしょう。さらに近年は、SNSやYouTubeなどの動画投稿サイト、スマホアプリで英語を学ぶ素材が爆発的に増加し続けています。英語学習をサポートしてくれる優れたツールがあふれる今、そんな状況に陥るのだけは避けるべきです。

　確実に英語を上達させたいのであれば、インプットとアウトプットの両面をバランスよく取り入れ、毎日コツコツと学習することです。結局のところ、これに勝る学習法はありません。

　こう説明すると、苦しい試練ばかりが続くのではないかと思うかもしれません。しかし、そんなことはないので安心してください。大変な中にも、楽しみながら根気よく続けられる方法はいくらでもあります。その方法についても、本書で詳しく紹介していきます。

　自分を信じて地道に学習を続けていると、あるときふと、自分の英語力が伸びていることに気が付きます。

　急に英単語が聞き取れるようになったり、英語が自然に口から出ていたりする自分に気が付いたり……。手応えを感じる瞬間は、ある日突然訪れます。

　その感覚は、補助輪をはずして初めて自転車に乗れたと

きの、あのすがすがしい達成感に似ています。その快感を
ぜひとも多くの人に体験してほしいと願ってやみません。

● 自分の創造性を広げてくれるツールとしての英語────

　1つの言語の枠に閉じこもっていると、自由に創造力を
広げることができなくなる可能性があります。新しい言語
を学ぶことで、新しい視点、感じ方がわかってくるもので
す。

　日本語では、主語が消えても意味が通じてしまう感覚に
慣れていますが、主語を必ず語順の最初に置く英語では、
責任の所在がはっきりと表現されます。どちらがよいとい
うのではなく、他の言語を知ることで新しい世界が視野に
入り、創造性を豊かにし、そして広げてくれるのです。

　また、英語は、欧米圏のネイティブのためだけの言語で
はありません。多くの話者がコミュニケーションの標準言
語として使う国際的なツールです。英語が理解できれば、
得られる情報の量は急増し、話すことができれば、コミュ
ニケーションの幅は劇的に広がっていきます。

　例えば、google.com で「コーヒー」を検索した場合と、
同じく google.com で「coffee」を検索した場合の比較を
してみると、そのことがよくわかるでしょう。

　前者の約4億1300万件のヒットに対し、後者では26

億9000万件ものヒットが得られるのです。その差は何と約6.5倍になります。

　もう1つ、「コロナウイルス」と「coronavirus」を検索した場合、前者が6億5000万件ヒットなのに対し、後者は23億件のヒットが得られます。その差は約3.5倍にまで広がるのです。

　これらの2例だけを見ても、入手できる情報の量が一気に増えるという事実がわかるでしょう。

　本書が、皆さんにとって、英語の上達に役立ち、世界の舞台で活躍するための手助けとなることを、著者として願うばかりです。

　いつまでも立ち止まっていては何も変わりません。今すぐに最初の一歩を踏み出していきましょう。

純ジャパニーズの
迷わない英語勉強法
増補版

CONTENTS

Chapter ❸

発音
pronunciation

Chapter **4**
リスニング
listening

Chapter **7**

グラマー
grammar

Chapter **8**

ボキャブラリー
vocabulary

Chapter **9**
ライティング
writing

純ジャパコラム

迷わない英語勉強法

Chapter **1**

「コロナ時代」の
オンライン
英語学習法

新型コロナウイルス感染症の影響が英語学習にもたらしたものとは？

　本書の単行本が刊行されたとき、オンラインによるリモート会議は、現在のレベルほど浸透していませんでした。あの当時、ここまでリモート会議が日常化すると誰が予想できたでしょうか？

　では、それによって何が起きたのか。英語を使って仕事をする職場では、リモート会議でも通用する英語でのコミュニケーション能力の必要性がぐんと高まりました。

　外国に行く機会や訪日外国人の数が激減したため、英語の重要性が低下するかと思いきや、実際は逆だったと感じている人が多いのではないでしょうか。

　そうであれば、コロナ禍に見舞われている今だからこそ、これまで以上に英語力を伸ばす必要がありそうです。

　幸い、英語学習に役立つオンラインコンテンツは、このところずっと増加の一途をたどっています。どこにいても優れた学習ツールに触れられるのですから、英語学習者にとっては追い風が吹いていると考えていいでしょう。

　海外渡航が制限され、留学や海外出張、旅行が自由にできなくなりましたが、その半面、オンラインコンテンツやアプリのおかげで、時間、場所、経済的な制約（語学留学や英会話学校のための出費）は劇的に軽減され、英語学習

に有利な環境が整ってきました。

その結果、より充実したコンテンツに自由にアクセスし、楽しみながら効率的に英語に触れることが可能になり、インプットである「読む」「聞く」、そしてアウトプットである「話す」「書く」をバランスよく学習できるようになったのです。

何を英語でしたいのかを見極めることが重要

ただし、大海原に航海図もなしに漕ぎ出してしまうと、ネットの海は広すぎて、いつまでもさまよい続ける事態になるかもしれません。無数のコンテンツがあふれる環境では、何を選んだらよいか迷ってしまう恐れもあるでしょう。そうならないためにも目的をしっかりと定め、インプットとアウトプットをバランスよく実践する必要があります。

仕事で英語を使いたいのか、生涯学習や趣味などに役立てたいのか、それとも試験のスコアを上げたいのか。はたまた英語で運営されているクラウドファンディングのプロジェクトを立ち上げたいのか……。何のために英語を学ぶのか明確にしておくことが重要です。

目的をはっきりさせたあとは、自分のレベルに合った英語の学習法をカスタマイズし、継続して学んでいく必要があります。

自分の目的に合ったオンラインサイトを柔軟に活用することにより、「読む」「書く」「聞く」「話す」の4つの技能を効率的に鍛えていってください。

例えば、リスニングを訓練するための動画サイトには、再生速度の調節機能を備えたものがたくさんあります。

　リスニングの素材の中で、知らない単語やフレーズを見つけ、自分の表現として使えそうであれば、リストやアプリにまとめておくといいでしょう。

　<u>リスニング力を伸ばすコツは、同じ素材を使い潰すこと</u>です。そこで語られているすべての単語がわかるまで、繰り返し聞いていきます。

　ここで大事なのが、素材選びです。使用する素材のテーマが、実際に自分が習得したい英語の使い方とあまりにかけ離れていると、応用する機会が少なく、時間も労力も無駄になりかねません。

　以前、プロサッカー選手の本田圭佑さんの YouTube チャンネルを見たことがあります。その中で、本田さん自身が英語の音声を何度も聞き返しながら、早朝から真剣にシャドーイング（➡ 86 ページ）に取り組んでいる場面を紹介していました。その音声素材の内容は、ブロックチェーンの仕組みについての解説でした。

　この素材の内容が、実際の仕事や生活に必要であるなら、覚えた単語やフレーズを役立てることができるでしょう。事実、本田さんは自身の仮想通貨を発行しているそうなので、正しい素材選びをしていると言っていいでしょう。

　一方、これまでサッカー選手としてチームメイトや記者会見でのやり取りに必要な英語力を鍛えてきたときは、その目的にふさわしい素材を選んで学習してきたのだと思います。

オンラインならどこに住んでいても勉強できる

　いずれにしても、オンラインツールの拡充により、学習環境の地理的、時間的、金銭的な垣根は格段に低くなり、「環境に恵まれていない」という言い訳はもはや通用しなくなりました。英語話者が1人も住んでいないような地方に住んでいるとしても、インターネットにつながる限り、大都市に住んでいる人と同じ条件で勉強ができるようになったのです。

　あとはいかにモチベーションを保ち、どれだけ継続できるかにかかっています。続けているうちに少しでも成果が見えてくれば、もう少し勉強してみようという気持ちになれるでしょう。あきらめなければ、必ず先が見えてきます。

レコメンドサイト

English Central
https://ja.englishcentral.com/
無料で1万本以上の日英字幕付き動画が見放題のリスニングサイト。字幕の中のわからない単語をタップすると、発音記号と音声が確認できる。7段階にレベル分けされたビジネス、メディア、日常シーンなどトピックがある。一部有料箇所あり。

動画サイトやSNSには英語学習に活用できる利点と魅力が詰まっている

　隙間時間を見つけたら、スマホを使って頻繁に英語に触れるようにするといいでしょう。

　「リスニング」の章でも触れていますが、YouTubeにアップされた英語の動画へのアクセスを習慣にすれば、手軽に聞く力を強化できます。

　TwitterやInstagram、Facebookも利用価値大です。このあとライティングにおける活用法についても触れていきますが、まずはお気に入りのインフルエンサーのSNSをフォローし、彼らの投稿を読むようにすれば、れっきとしたリーディングの学習になります。

　SNSの投稿を読むことをおすすめするのは、教科書的な英語ではなく、ネイティブたちが使っているフレーズやスラングにも触れられるからです。

　ただし、学習素材のようにわかりやすく編集されたものではなく、また必ずしも正しい英語が使われているとは限りません。ですが、生きた英語に日々触れるという点では、メリットは大きいと言えます。

　YouTubeやSNSを選ぶ際には、自分が楽しめるものを基準にするといいでしょう。英語学習に役立てるという視点よりも、時間さえあればずっと見続けたいコンテンツ

を選ぶようにしてください。そうでないと眺めていても面白くありませんし、長続きもしません。

スクリプトや字幕付きの動画を楽しみながら学ぼう

YouTubeについては好きなものを選んで問題ないのですが、おすすめコンテンツを知りたい人のために、この項目の最後に「レコメンド」を掲載しておきます。

英語学習に役立てつつ、多くの人が興味を持てるコンテンツとして私がいつもおすすめしているのは、著名人のスピーチやインタビューの動画です。

インタビューの自然な話し方は、抑揚やアクセント、間の取り方や、強調したい箇所の表情やジェスチャーなども含めて、パブリックスピーキングのよいお手本になります。今はとても便利になっていて、字幕付きのコンテンツもたくさんあるので、それらを選んで見ていくと効率的にリスニングの訓練ができます。

YouTube上で実際に動画を探す際には、＃英語スピーチ、＃リスニングのようにハッシュタグをつけて検索すると、様々なチャンネルがヒットするので、それらの中から選んでもいいでしょう。興味がある人や好きな有名人のインタビューやスピーチであれば、繰り返し聞いていても苦にならないと思います。

自分が英語で話したいテーマや分野に関するインタビューやスピーチを選び、繰り返し聞くのもいい方法です。スクリプトがついていれば、それを見ながらシャドーイン

グの練習としても活用してください。

　日本語字幕に関しては意訳されているケースも多々あるので、オリジナルのスクリプトと意味を対比していくと、英語の訳し方の勉強にもなります。「こんなふうに訳すのか」「私なら、こう訳すかも」など、積極的な姿勢で字幕を見ていくと、楽しみ方に深みが出てくるはずです。

　YouTube には、AI（人工知能）による字幕機能もついています。これについては、必ずしも正確でない場合があるので、「何だかおかしいな」と違和感を抱いた際には、単語やフレーズの意味を辞書で確認しましょう。

レコメンド YouTube サイト

Gariben TV
https://www.youtube.com/channel/
UC9AE6MneoakfIEOcWc8hUUg/featured

俳優、政治家、スポーツ選手など、世界の著名人によるスピーチが
英語スクリプトと日本語字幕付きで見られます。

☆ Gariben TV 内のおすすめ動画

■大坂なおみ「私の『初めて』」
https://www.youtube.com/watch?v=srN5EmY-Jdo

彼女にとっての様々な「初めて」を一挙公開。

■スティーブ・ジョブズ
「彼を 20 秒以上考えさせた学生の質問」
https://www.youtube.com/watch?v=JvwXH14vmJA

ジョブズが学生から質問を受け、熟考したあとの答えを聞けます。

校長の長話よりいいよね

https://www.youtube.com/channel/
UCliEmCr2JrAllUk1M9ZJZHg/featured

様々な動画を英語スクリプトと日本語字幕付きで見られます。

☆校長の長話よりいいよね内のおすすめ動画

■キャロライン・ケネディ元駐日大使「最後のスピーチ」

https://www.youtube.com/watch?v=lygNzrGzgUs

感謝を示す表現がふんだんに使われているので、お礼を伝えるスピーチをする際の参考になるはずです。

■エド・シーラン「少年時代の辛い思い出」

https://www.youtube.com/watch?v=UUwmBGTYbQw

自分の子ども時代に吃音があった経験を語り、自分らしくいることの大切さを語っています。

VOGUE JAPAN

https://www.youtube.com/user/voguejapanofficial/

ファッションをはじめ、文化や社会について多くの女性が意見を率直に語るインタビューを紹介しています。

☆ VOGUE JAPAN 内のおすすめ動画

■体型にコンプレックスを抱える女性の
ランジェリー撮影に密着。

https://www.youtube.com/watch?v=wE6pWX5dAg0

身体のパーツを表す英単語以外にも、悩みや感情を表現する言葉やフレーズにも触れられます。

手軽にアウトプットの訓練が できるオンライン英会話の 利便性は無視できない

　新型コロナウイルス感染症の影響で、対面式の英会話ス クールに通うのが難しくなる一方で、スマホやパソコン、 タブレットを通じ、ネイティブスピーカーはもちろんのこ と、世界各国のオンライン講師との英会話レッスンが有料 で受けられるオンライン英会話が存在感を増しています。 どこに住んでいてもどっぷりと英語に浸れるのですから、 英語学習者にとっては積極的に利用したいサービスです。

　英語を話せるようになりたいのに、話す機会がないと悩 んでいる人は、オンライン英会話を利用してみるのもいい と思います。

　オンライン英会話は、何と言ってもアウトプットの訓練 に最適です。オールレベルの会話、発音、イントネーショ ンのチェック、ボキャブラリーの強化ができ、マンツーマ ンで個々の問題点を指摘してもらえます。また、疑問を直 接質問できるので実に便利です。

　発音の矯正をはじめ、各種のプレゼンや交渉などのシ チュエーションをロールプレイング形式で練習できるな ど、多種多様なリクエストができるので、自分に合ったタ イプのコースを探すといいでしょう。

　実際にオンライン英会話を利用している人から体験談を

聞いたので、次に紹介してみましょう。

霞が関の官庁に勤務する国家公務員Ａさんは、国際業務や海外赴任を経験したことがきっかけで、帰国後にさらに英語力を高めようと思ったそうです。

当初は、英会話スクールのグループレッスンやカフェでのマンツーマン英会話などに通っていました。ところが、クラスメイトから仕事について聞かれても機密性の高い職業のため明確には答えられず、肩身の狭い思いを強いられます。さらに、マンツーマン英会話では先生と１対１で話す時間は取れたものの、レッスンを受けるためのカフェ探しの煩わしさ、カフェでの雑音やお客さんの視線など、英語学習とは関係のないところでエネルギーを奪われ、時間と金銭的コストに見合った満足度や達成度は得られなかったと言います。

その後、再び海外赴任となったため、Ａさんは赴任先でオンライン英会話を始めることにしました。

Ａさんによると、オンライン英会話の良さは、時間と場所を気にすることなく、隙間時間を使ってネイティブの先生からレッスンを受けられる点。レッスンの内容も自分に合わせて柔軟に調整でき、会話の練習がはかどったと手応えを感じているそうです。

オンライン英会話を実際に試してみたら……

人から体験談を聞くだけでは物足りないと思ったので、私自身でオンライン英会話を試してみました。１対１の会

話が経験でき、臨場感のある時間を過ごすことができたというのが私の率直な感想です。オンライン英会話は、やはりおすすめだと思います。

　私が試したのは、オンライン英会話では大手の1つとして知られているところでした。実際に経験してみて、いくつかの留意点が見えてきたので、お伝えしておきます。

　今回、平均的な時間とされる30分で受講をしましたが、思った以上に時間が短く感じました。話したいテーマについての予習をしておかないと、あっという間に時間が過ぎてしまいます。これについては、仕事で取材をする際に通訳をしなければならない状況に似ていると感じました。

　通訳を務める場合、取材するテーマについてできる限りの情報を集め、読み込んでおき、聞きたい情報や疑問点などを書き出しておく必要があります。もちろん関連する単語や使いそうな表現などはあらかじめ調べて、リストを準備して臨むのです。

　取材では、いろいろな質問を投げかけて、相手から多くの詳しい情報を聞き取り、その生き生きとした内容を記事に反映させていきます。そのため、相手が話したくなるような質問をする工夫をし、1つの答えに満足せず、さらに突っ込んだ質問を畳み掛けるように努めます。

　英会話のレッスンでも同様のことを感じました。受講中の質問力を高めるためにも、講師の経験や居住地のニュースや情報などをあらかじめ調べておいて、相手を取材するような気持ちで臨むといいと思います。

　ただし、講師の話す内容を聞くだけでは、あっという間

に時間が経過してしまいます。せっかくのチャンスなのですから、できるだけ積極的に会話をリードしていくくらいの意欲を持つべきです。

話したいテーマを決めたり、教材を選択した上で、より実りのある会話を交わすためにも、頭の中を整理する習慣が欠かせないとも感じました。

応用できるのは、英語のディベートのテクニックです。あるテーマについて、賛成か反対かを、事例を挙げながら相手を説得していく弁論法です。

受講中、講師から会話のテーマに関して、「それについてどう思うか?」と意見を聞かれる場面がよくあります。その際には、3つほどの事例を挙げて、だから自分は賛成だ、反対だ、またはこんな提案があるといった具合に論理を展開していくのです。これを意識的に行うようにすれば、英語でのディベートの練習にもなります。

サービスや機能を有効活用することが重要

サービスによっては、たくさんの講座を受講すれば金額が割安になる制度があります。また、レッスン動画を録画できる場合、すぐに復習が可能なので利用価値は大です。学習の記録がフィードバックされる機能もあります。

レッスン内容の要約を記録し、定期的に振り返りの習慣を取り入れるとオンライン英会話の効力は一段とアップします。一過性の情報として流してしまうのではなく、定着させていく仕組みを作っていくことが重要です。

さらに言うなら、30分のレッスンのあとに制限時間を10分から15分と決めて、学習した内容や次回の質問について英語で記録をつける習慣を組み合わせます。

　予習、レッスン、復習、次回のレッスンでの質問を考えるという、PDCAサイクルで、短いレッスン時間を最大限に活用するとよいでしょう。

　もちろん、1回や2回だけでは効果は出ません。習熟度を上げるには意欲的な継続が求められます。

　サービスを利用するには、ネットの回線が安定し、通信データの容量が十分であることが必須です。お互いの通信環境によっては、音質が乱れることもあります。また、教材を使う場合は、PCで受講するほうが見やすいでしょう。

　多数の講師が登録しているため、自分に合った講師に出会うまでに時間がかかる点も、通らなくてはならない最初の難関として覚えておくといいかもしれません。

　人気の講師の予約が取りにくいという事態にも直面しがちなので、多くの講師と幅広く話をするという前向きな方針で、学習の習慣を継続することを優先させるとよいでしょう。

世界各地の講師を選べるのが醍醐味

　オンライン英会話の利点は、忙しい社会人であろうと、住んでいるところが都市部から離れていようと、手軽に利用できるところです。家の近くに英会話スクールがなくて

困っていた人も、オンライン英会話を利用することで、海外のネイティブスピーカーと好きなときに会話ができるようになったのです。

　オンライン英会話では、世界各地の非ネイティブのスピーカーから学ぶことも可能で、その多様性も特徴の1つと言っていいでしょう。

　英語は何も欧米圏の人だけが話す言語ではありません。国際語としての英語は英語圏の国だけでなく、世界各地で公用語や共通言語として使われています。非英語圏の人とのコミュニケーションにも使えるツールであるため、オンライン英会話でも、非英語圏出身の講師のレッスンの予約をし、日常会話に自信がついたという受講者もいます。

　海外赴任が決まったとき、その地域の出身の講師を選べば、事前にその土地で話されている英語の発音に慣れ親しめるはずです。

　私自身、JICA の本邦研修事業の担当者として途上国の政府機関に所属する研修員の人たちを迎える際、独特の訛りのある英語の聞き取りに苦しんだ経験があります。

　赴任してすぐにスムーズなコミュニケーションができるように、その地域の出身者と事前にオンラインで話しておくのは良策だと思います。

フィリピン人講師から得られるメリット

　英語が第2の公用語であるフィリピンに在住する講師によるオンライン英会話も人気です。料金が比較的安い上に、

自宅にいるフィリピン人講師の生活や文化背景が、日本とは大きく異なっているのを知ることができるのも魅力の1つです。

　講師との会話を通じて、フィリピン人講師の視点から見た日本や日本人についての率直な感想を聞き出すことができ、実際にフィリピンに行って現地の人と会話を交わしたような気分にも浸れます。日本にいながらにして、日本では知り得ない、同じアジアに住む人たちの多様性や、人生観、宗教観などを感じることができるので、メリットは盛りだくさんです。

　ある受講者は、体調を崩したことがきっかけで病気に関する情報を収集していたことから、看護師として勤務経歴のあるフィリピン人の講師を選択し、健康管理や治療生活を送る日常について密度の濃い会話をすることができたと言います。この方は、他にもフィリピンの東大に相当する、フィリピン大学出身の講師のレッスンを受けたところ、政治や時事ネタに富み、指導力も高く、レッスン後に届くアドバイスメッセージにもとても満足したそうです。

　一方、オンラインサービスでは、通信事情によって音声や動画が不安定になるという障害が時々発生します。ただし、日本で受ける英会話の受講料と比較して格段に手頃なので、多少のテクニカルトラブルは許容範囲と割り切り、メリットの多さに目を向けたほうがよいのではないでしょうか。

Bluetooth スピーカー

防水の Bluetooth スピーカーはおすすめの便利グッズです。これを使えば、お風呂の中でリスニングやシャドーイングも可能。100 円ショップで機能的に支障のないスピーカーが 500 円ほどで手に入ります。

DMM 英会話

https://eikaiwa.dmm.com/

約 130 カ国から講師を選べるオンライン英会話の大手です。無料体験も受けられます。

- -

東京外国語大学言語モジュール

http://www.coelang.tufs.ac.jp/mt/

モジュールごとに日英のスクリプトつきスキットがあり、40 パターンのシチュエーションを通じて英語での基本的な会話を練習できるだけでなく、アメリカ、イギリス、オーストラリア、カナダ、ニュージーランド、シンガポール、アイルランド、インド、フィリピンなどで話される発音や語彙などを体験することができる無料サイトです。

SNS を有効活用して
ライティングを上達させよう

　ライティングをワンランクアップさせるには、自分が使えそうな短い文章を少しずつ増やしていくといいでしょう。英文を読んでいる途中で知らない表現が出てきたら、それをスマホのメモ機能や、単語帳アプリに保存して、必ず復習してください。定期的にそれらを見直し、声に出して読んでみたり、実際に文章の中に取り入れたりしていくと、「使える表現」として徐々に身についていきます。

　「ライティング」の章でも触れていますが、Twitter や Facebook のアカウント上で英語のコメントを書くことでライティングのハードルは確実に下がっていくでしょう。

　Facebook 上では、同じ趣味や関心を持つ人たちがグループを立ち上げて情報交換を行っています。それらの中から興味があるものを見つけ、参加してみるのも 1 つの方法です。世界中の人から情報を得ながら、自分からもコメントを発信すれば、英語でのやり取りの練習にもなります。カジュアルな集まりに参加すれば、気後れすることもないはずです。

　海外の著名人の Twitter をフォローし、情報を得るのも面白いと思います。

　2020 年、多くの人の注目を集めたのは、プロテニスプ

レーヤーの大坂なおみさんの Twitter アカウントでした。

　アメリカ国内を二分するほどの深刻な人種差別問題についてのツイートと、全米オープンの全7試合で、黒人の犠牲者の名前をプリントしたマスクをつけてコートに登場し、黒人に対する差別へ強い抗議の意思を表明する姿がとても印象的でした。

　話題の人物のアカウントをフォローして世界の時事問題や社会問題に触れながら、かつそのツイートに返信もできるので、学習対象としての英語ではなく、ツールとしての英語と向き合えます。完璧でなくていいので、早い段階から英語を積極的に使っていきましょう。

SNS の存在はもはや無視できない

　情報発信ツールとしての SNS の役目は大きくなる一方です。私の取材活動でも、従来の紙媒体やテレビの情報以外に、SNS 上で発信されている意見や情報に着目し、それを記事で引用したりします。さらに詳しい意見を聞きたいと思えば、その意見や情報の発信者にアプローチし、取材を依頼することもあるほどです。こういうケースが年々増えてきています。

　Twitter や Instagram で、興味や関心のある人物やテーマのアカウントをフォローすれば、短い文章のリーディングを楽しみながら習慣にすることができ、同時に知らなかった英語の表現やボキャブラリーも増やせるので一石二鳥です。実際、大のインド映画ファンである私の友人は、

好きな映画作品のアカウントをフォローして、インドの映画情報を集めています。

　自分でアカウントを開設し、フォロワーを増やせれば、仕事のプロモーションに大いに役立てることも可能です。

　前出の友人は、大好きなインド映画作品のイラストと英語メッセージをツイートしたところ、ほんの5分でプロデューサーにリツイートされ、日本のファンがフルバージョンの公開を希望する声を直接届けていました。SNSでつながりが広がると、国境を易々と越え、思いがけない展開につながっていくこともあるのです。

ライティングの上達に役立つオンラインサービス

　SNSへの投稿だけでなく、英語のジャーナリング（journaling、日記）をはじめ、短い文章を書くことを習慣化していくのもいい練習になります。手帳に手書きしてもいいのですが、オンライン上の便利なサービスを使いながら頻繁に見返して復習できる環境を整えることをおすすめします。

　自分が書いた英文に間違いがないか常時確認したいときは、Grammarlyなどの無料の英文チェックアプリやサイトをPCやスマホにダウンロードするといいでしょう。私の場合、仕事で日常的に大量の文章を書くため、パソコンソフトの英文チェックの機能はいつもオンにし、間違いがあるときは自動的に通知されるように設定しています。これらの英文チェックサービスのサイトでは、英文をコピー、

ペーストするだけで細かい文法上のミスやスペルミスなどの添削を受けることも可能です。

こうしたサイトには、その日に使った単語やフレーズなどを英語学習記録として残せる機能もあるので、定期的に振り返り、復習に活用しましょう。

SNSへの投稿やジャーナリングは、短い文章を書き続けることが大事です。毎日決まった時間に10分から15分程度取り組むというルールを決め、その日の目標や出来事、感じたこと、感動したことなど、書く項目をいくつか決めておくと内容をその都度考える負担が少なくなります。

取り組む時間の長さを事前に決めておくのは、継続していくうちに同時間内に自分がどれだけ多くの英文を書けるようになったのかを確認できるからです。

短い文章を書くことに慣れてきたら、次の段階として、あるテーマについて少し長めの文章を書くことに挑戦していきましょう。1文1文の正しさも重要ですが、長い文章になると、論理的な構成を考え、読み手にわかりやすく書くテクニックが求められます。

これを鍛えるためには、色々なテーマの文章をどんどん書いてみることが一番ですが、ネイティブによる添削とアドバイスを受けられるサービス（有料）もあるので、それを利用してもいいでしょう。

Ginger

http://www.getginger.jp/

PC やスマホにダウンロードして文法的ミスを添削。他の言い回しの提案もしてくれます。自分の書いた英文を記録できるので、ジャーナリング用に使用してもいいでしょう。

- -

Grammarly

https://www.grammarly.com/

PC やスマホにダウンロードすると、英文のスペルチェックや文章校正をしてくれます。Ginger 同様、英文の記録ができるので、ジャーナリング用にも使用可能です。

- -

IDIY

https://idiy.biz

有料の英文添削サービス。日本語でフィードバックが届きます。

- -

Fruitful English

https://www.fruitfulenglish.com/

有料の英文添削サービスです。英語ネイティブの講師による添削が受けられます。

- -

『Chat Diary 英語で3行日記』
アルク出版編集部編／アルク

オンライン化した
ニュースメディアにアクセスして
世界の動きをキャッチしよう

　海外の新聞や雑誌、ラジオ、テレビ局の多くは、一部無料でコンテンツを配信しています。一定の記事を超えると有料になる場合もありますが、これらにアクセスすれば英語のニュースに無料で接することが可能です。

　例えば、私が働くニューヨークタイムズでは、ネット購読者（約600万人）からの収入がすでに紙面購読者からの収入を上回っています。紙面、ウェブ版に加えて Twitter や Instagram、Facebook でもセレクトされた記事が読めるので、申し分のない環境が整っているのです。

　海外で発行される新聞は、かつては入手ルートが限られており、かつ高額な購読料が必要でした。ところが今は、廉価なデジタル版の購読を簡単に申し込めるので、複数の新聞や雑誌を購読しても大きな負担にはなりません。

　今後もメディアのデジタル化の流れは止まることはなく、ますます充実していくでしょう。日本のメディアの報道に頼ることなく、海外のニュースや分析、良質のグラフィックデータ、写真や動画にダイレクトにアクセスすることができるのは好ましい状況だと思います。興味や関心によっては、国内の報道内容以上に、詳細な情報を入手できるはずです。世の中の出来事を通して自分の視野を広げ

てみたい人は、英語のニュースコンテンツに積極的にアクセスしてください。

　新聞記事の通読が長くて負担に感じるなら、Twitterアカウントにアップされている記事の見出しと最初のパラグラフだけを斜め読みするだけでも幅広い情報の入手ができます。Twitter で英語ニュースのリストを作り、TweetDeck を使って整理しておくと、隙間時間に効率的にニュースに触れられます。

筆者のTweetDeck。
複数アカウントのタイムラインを見ることができる。

TweetDeck の使い方

https://help.twitter.com/ja/using-twitter/
how-to-use-tweetdeck

TweetDeck は、Twitter の複数のアカウントのタイムラインを PC の画面上で一度に見られる便利な機能です。

- -

おすすめのメディア Twitter アカウント

The New York Times　@nytimes
CNN International　@cnni
NPR　@NPR
The Guardian　@guardian
Financial Times　@FinancialTimes

- -

WIRED　@WIRED

テック、ビジネス、アート、サイエンス系の記事が充実しています。

- -

TechCrunch　@TechCrunch

テック系の記事を配信しています。

- -

National Geographic　@NatGeo

自然科学系の記事と美しい写真が楽しめます。

- -

The Japan Times Alpha　@JapantimesAlpha

英字新聞社ジャパンタイムズによる英語学習紙のアカウント。無料会員登録で毎月５本の記事・バックナンバー記事を読めます。名物編集長のつぶやきも面白い。

モチベーションの維持は
最大の原動力となる

　私は、外国語を学ぶ上で一番大切なことはモチベーションだと確信しています。話したい、聞きたい、知りたいという強い思いやきっかけがなくては、根気強く学習を継続することができません。モチベーションが強ければ強いほど、意識的に学ぶ意欲が高まり、言葉を習得する原動力になってくれるのです。

　私にとって、仕事上でのモチベーションは、ニュースを伝えることです。そのために必要な背景知識や情報などを、英語を使って処理しています。波のように途切れなく押し寄せる情報について、起きた出来事の当事者や専門家などの意見に基づいて多角的に分析し、記事にまとめる作業を繰り返すのが私の仕事です。日々、ニュースに接している限り、私のモチベーションは枯れることがありません。

　自分の得意分野、専門知識、話したい内容はどんなことなのか、また、その内容を多くの人に伝えるには、どのような英語の技能が必要なのかを自覚することはとても大切です。SNS や YouTube などを通して誰もが世界に向けて直接発信をすることができる今の時代、国際語としての英語は必須のツールと言えます。英語を武器に自分の夢や

目標を達成することができるように地道に努力を重ねてい
きましょう。

　事例を１つ紹介します。
　2019 年にデビューしたミュージシャン藤井風さんは、
正真正銘の純ジャパ。出身地の岡山県ののどかな地域で
生まれ育ちました。３歳から習っているピアノ演奏を
YouTube に投稿し始めたのは、2010 年のころでした。
　すると、その卓越した演奏技術と歌唱力が、注目を集め
るようになり、デビュー曲のプロモーションビデオをいき
なり NY で撮影することになりました。
　藤井さんは、当初から世界に向けて発信することを視野
に入れ、英語曲のカバーだけでなく、英語の独学も怠るこ
となく続けていたそうです。もともと耳がよいという素地
に加え、不断の努力で、とても流ちょうな英語を話せるよ
うになるまで上達したのです。
　NY の撮影では、撮影クルーや出演スタッフとのコミュ
ニケーションも自ら英語で行い、曲についての思いを伝え、
撮影に挑みました。
　デビュー曲は大ヒットし、藤井さんの存在は音楽界で
大きな注目を集めます。さらには、YouTube をきっかけ
に活躍するアーティストを紹介する Artist On The Rise
キャンペーンに日本人として初めて抜擢されたほどの評価
を得ました。その後の活躍もめざましく、ファンとのコミュ
ニケーションでも積極的に英語で発信しています。

一方で、コロナ禍によって、海外で夢を叶えるための留学の中断を余儀なくされた人も多数いたようです。

　例えば、ブルゾンちえみという芸名で活躍していた藤原史織さんは、お笑い芸人の仕事を辞め、イタリアのローマへの留学を決意しましたが、直前にイタリアでの感染拡大によって、渡航を延期することになりました。

　また、海外留学をしていても、授業の中止や、オンライン授業のみになるなどの事情で、滞在を継続することなく帰国せざるをえなかった人も大勢います。

　コロナ禍によって計画が狂ってしまったことは残念ですが、留学の夢を実現するまでに、日本でできることはいくらでもあります。その１つが語学なのです。

　留学先で専門知識を勉強するために必要な、基礎的な英語の勉強を学習環境が整ってきている日本で進めておき、晴れて海外への渡航が再開となるタイミングに備えるのです。

　留学という目標があれば、将来的に海外での勉強や生活に困らないように今から英語を日本で学ぶというモチベーションを保つことができるでしょう。

日本にいても、英語からは逃れられない

　スポーツの世界は、プロ・アマを問わず、世界を舞台に活躍をするアスリートがますます増えています。たとえばメジャーリーガーになった日本人選手は英語を使ってチームメイトと戦術やトレーニングについてやり取りを行うな

ど、コミュニケーションには英語が欠かせなくなりました。

またゴルフのメジャータイトルのひとつ、マスターズ・トーナメントを制した日本人プロゴルファー松山英樹さんのように、海外遠征が当たり前となるプロスポーツ選手は、これからも増えていくことでしょう。彼らは、怪我をしたときにはトレーナーやドクターにどんな状態なのか、何が起きたのかを伝えなくてはなりません。また、強くなればなるほど、勝利インタビューに応じる際にはきちんとした英語を話さなくてはいけない場面が出てくるでしょう。

一方で、英語をはじめとする外国語とはまったく縁のない環境にあると思っている人でも、ある日突然、英語に接しなければいけない状況に置かれることもあるのです。グローバル化したビジネス環境では、突然上司が外国人になるということも十分に起こりえます。

古くは、90年代半ば以降、自動車メーカーのマツダが外国人社長を4代にわたって迎えたり、2000年代には、日産のカルロス・ゴーン氏、ソニーのハワード・ストリンガー氏がトップに就任しています。外国人が取締役に就任することは今では当たり前の状況となっているのです。

そうした企業に勤務する社員は、英語で上司や同僚とコミュニケーションを図らなければなりません。つまり期せずして英語を話す必要性、モチベーションが生じたのです。

2017年、ホッケー女子日本代表チームのさくらジャパンには、オーストラリア人の監督が就任しました（現在は

スペイン人の監督が就任しています）。選手たちは、監督とコミュニケーションを取るために「英語を理解したい」と思える環境に置かれたのです。

　チームには通訳スタッフがいるとはいえ、監督の指示を直接理解し、また自分たちの意見を監督に率直に伝えたいと思えば、英語ができたほうがいいという気持ちが強くなります。さらに、海外遠征先での試合や滞在中の生活でも英語でのやり取りは欠かせません。

　おのずと選手たちの英語習得のモチベーションは高まり、英会話勉強会を立ち上げ、必要なフレーズを覚えようとする自主的な取り組みも始まったそうです。

　選手たちの第一のモチベーションはもちろんホッケーです。ですが、ホッケーの試合で勝利するために、英語というツールを使い、練習と本番の試合で力を発揮できるように努力を傾けるようになったのです。

　ニュースを伝えたい、仕事の業務をこなしたい、ホッケーで勝ちたい、多くの人に歌と演奏を届けたいなど、目的、目標、夢は様々ですが、その実現に向けて必要となるツールの１つとして、英語を学ぶ意義を感じてください。

新型コロナウイルス禍で
激変した働き方

　新型コロナウイルス感染症の大流行は、私の仕事にも大きな影響をもたらしました。

　ジャーナリズムの世界でも、仕事のやり方に大きな変化が起き、オンラインツールは不可欠なものとして浸透しています。その結果、仕事のペースが効率的になったと同時に、超高速化してきました。

　かつて、記事の取材を行う場合、取材申し込みのために電話で連絡を取り、日程を調整し、相手先を訪問して、対面で行うことが当たり前でした。むしろ当事者と会わないで取材となると、礼節に欠けるという雰囲気も漂うほど、対面重視の風潮は長年の慣行だったのです。

　ところが、コロナ禍で外出が大幅に制限される状況になり、リモートワークが推進される中、取材方法は一変。Zoom や Microsoft Teams などのオンライン会議システムやチャットアプリがますます浸透し、取材する側もされる側も、抵抗感なくオンラインで顔を見合わせながら話すことに慣れてきたのです。

今やメールのやり取りさえも
非効率的に感じるほどに

　記者会見もオンラインで開催することが珍しくなくなりました。その結果、人員の少ないニューヨークタイムズ東京支局の体制でも、特派員と日本人記者が自宅から会見を視聴し、記事を書くのに必要な情報を得られるようになっています。

　コロナの感染拡大初期のころ、小池百合子東京都知事は連日オンラインでの会見を開いていました。このとき、自宅で仕事をするようになった私は、都庁の記者会見室に赴くことなくネットを通じて日々の感染状況の報告を聞きながら、知事の発言の同時サマリー翻訳をチャット画面上で上司に伝えるやり取りを続けていたのです。

　コロナ禍前までは、オンライン会議システムを使って取材をして通訳するのは、心理的にも、技術的にもなじみのない環境だったため、まずは日本語でインタビューをし、そのあとに書き起こし翻訳をするという仕事の進め方をしていました。それを考えると、わずかな期間でここまで変化した状況には隔世の感を覚えます。

　今やＥメールでのやり取りでさえも非効率的に感じるほど、仕事の高速化が進み、社内のやり取りも Slack、Google のチャット機能、WhatsApp などのアプリを介して、チャットで行うことが普通になりました。取材メモや原稿チェックも、ネット上のファイル共有機能でデスクを含めた

複数人が同時に編集作業を行う方法が定着しています。

　実は、オンライン会議システムは、取材に対する抵抗感を低くすることにも役立ちました。そもそも国土の広いアメリカでは、古くから電話で取材する手法が一般的でした。いちいち取材相手に会いに行く時間と費用が莫大であるため、電話取材が広く行われていたのです。

　かつて勤めていたロサンゼルスタイムズの東京支局で、特派員が電話で取材したいと希望すると、相手から「電話ではなく、会って目を見て話さないと真意が伝わらないから」と言われ、取材を断られるという出来事が何度も起きていました。申し込むこちら側も、面と向かって話すのが一番だという気持ちが多少あり、取材がはかどらない場面もあったのです。もちろんネット環境が今ほど発達していない時代でした。

　ところが今や、相手の顔が見えない電話取材よりも、場所の制限がないオンライン会議システム上で、お互いの表情を見ながら通訳を挟みつつ取材を進める手法は、双方にとって好都合だと感じるようになってきたのです。

　最近では、デジタル化になじみのなかった重鎮の国会議員までがオンライン取材に対応するほどですから、この変化はかなり大きなものだと言えるでしょう。

さらなる変化の加速が予想される
オンライン環境

　働き方について言うと、感染の広がりが激しいニューヨーク本社の対応は、迅速かつ徹底していました。本社、海外支局ともに、ワーク・フロム・ホーム（Work From Home）が推奨され、自宅での仕事環境を整えるための予算もつきました。

　働き方の改革が一気に進んだ結果、オンラインでの取材に加え、SNS 上のコメントにもさらにアンテナを張りめぐらせて、専門家や一般の意見を記事に反映させたり、SNS アカウントを通じて取材依頼をする機会も増えました。

　また、社内のコミュニケーションは、かつてはメールが一般的でしたが、Slack でのやり取りが主流になり、他国の支局に勤める記者やリサーチャーの仕事の進捗も把握することが容易になりました。これも社内コミュニケーション環境の大きな変化の1つです。そして、スキルアップやジェンダー・人種のバイアスに関するウェビナー（オンラインセミナー）が提供され、社内教育プログラムも充実してきました。

　ほんの1年ほどの間ですが、働く条件や環境は目まぐるしく様変わりしていきました。

　変化を実感しているのは私だけではないでしょう。オンライン会議システムの普及で、会議やオンラインクラス、そして飲み会などのコミュニケーションの機会も劇的に増えてき

たはずです。大学の授業をはじめ、就職活動の面接もオンラインで行うことは珍しくなくなりました。

　こうしたインフラの変化に伴い、オンラインのプラットフォーム上でも英語を必要とする場面が間違いなく増えていくはずです。

　機は十分に熟しています。どのような場面にも対応できる英語力を身に付けて、仕事や様々な活動に役立てていきましょう。

Chapter ❷
スピーキング

speaking

英語の総合力を身に付けるのは大容量の木桶を組み立てるようなもの

　「英語の勉強をしたいのですが、スピーキング、リーディング、リスニングなどのうち、どれに重点を置けばいいですか?」

　英語学習について、よく聞かれる質問の1つです。この問いに対し、私は次のように考えています。

　——英語は「木桶」のようなもの。スピーキングやリーディングなどの技能は木桶でいうと「側板」に当たります。木桶は、同じ長さの側板が何枚もあり、それらが箍で留められて容器となります。たくさんの水をたくわえようと思えば、1枚1枚の側板の寸法を長くしなくてはいけません。

　この側板を英語学習に置き換えると、それぞれが「リスニング」「スピーキング」「リーディング」などに当てはまります。つまり、どれか1枚の側板がやたら長くても、バランスを欠き、結果として英語の総合力は伸び悩むことになってしまうのです。

　そうではなく、全体の側板がバランスよく高くなっていけば、水はどこからも漏れ出すことなく、たっぷりと溜まっていきます。

　つまり、大容量の木桶を組み立てていくことをイメージ

しながら、インプットである「リスニング」「リーディング」「ボキャブラリー」の能力を強化し、それと同時に、アウトプットである「スピーキング」や「ライティング」の能力もバランスよく伸ばしていくことが英語学習には必要不可欠というわけです。どちらかに偏っていては、どれだけ英語学習に時間を費やしても、総合的な英語の上達は望めません。

手始めは「アウトプット」から

とは言うものの、英語を学ぶ以上、アウトプットこそが最大の目的であり、それを醍醐味と感じている人が多いのではないでしょうか。自らの意見や情報を発信してこそ、言葉の機能を能動的に発揮できるからです。何より、実際の会話では、インプットであるリスニングが多少できなくても、わからない部分を聞き返すなどして、会話を前に進めることができます。

こちらから聞き返すこと（スピーキング）ができれば、サッカーで自分が主導権を握ってボールを支配するように、相手を自分のペースに引き込むことができる有効な「オフェンス」になるのです。「攻撃は最大の防御」とはよく言ったものです。

そこで本書では、「スピーキング」の勉強法から始めたいと思います。

自分の1日を英語で表現しながらスピーキングの瞬発力をつけよう

　最初に取り組んでほしいのは、自分の1日を「50英文」で表現する練習です。

　このスピーキング訓練法は、『赤毛のアン』の翻訳者として知られる村岡花子さんが、東洋英和女学院の学生時代に校長であるミス・ブラックモアによって徹底指導されていた「60構文の箇条書き」の音読と似ています。

　2014年に放送されたNHKの朝の連続テレビ小説『花子とアン』でも紹介されていたので、記憶にある人もいるかもしれません。ドラマの舞台は明治から大正・昭和にかけての日本でしたが、自分の1日を表現するという方法は現代でも十分活用できます。

　スピーキングで一番困るのは、話そうと思ったときにまごついて言葉が出てこないこと。こうした事態を避けるには、英語の基本構文を頭の中にたたき込んでおけばいいのです。

　「50英文」を繰り返し練習すれば、自分でもびっくりするくらい英語の「瞬発力」がつき、いざというときに肝心な一言が口をついて出てくるようになります。

　私がスピーキングに自信を持てるようになったのは、こ

の「50英文」の音読を繰り返し練習するようになってか
らです。

　実際に例文を作ってみましたので、さっそく音読してみ
ましょう。

独身女性バージョン

① The alarm goes off at six o'clock.
② I get up immediately.
③ I turn on the TV.
④ I take a quick shower.
⑤ I dry and comb my hair.
⑥ I get dressed quickly.
⑦ I put on makeup.
⑧ I drink a cup of coffee.
⑨ I have a big breakfast.
⑩ I read the newspaper headlines.
⑪ I brush my teeth.
⑫ I check the TV weather forecast.
⑬ I put out the laundry.
⑭ I leave for work at half past eight.
⑮ I walk to the station.
⑯ I commute by train.
⑰ I always try to avoid a crowded car.
⑱ I meet my boss at our client's office.

⑲　We have a meeting with our client.

⑳　We review the current project.

㉑　Our client shows us around the factory.

㉒　We give a presentation about our new products.

㉓　They show interest in one of the new items.

㉔　We return to the office.

㉕　The lunch break starts at noon.

㉖　I have lunch with my colleagues.

㉗　We go to a new Thai restaurant nearby.

㉘　We all order the tasty green-curry set.

㉙　I go for a walk after lunch.

㉚　I submit a report to my boss.

㉛　My boss gives it his approval.

㉜　I send a quotation to the client by e-mail.

㉝　I make a budget request for a new project
　　to the Finance Department.

㉞　Some of my colleagues leave at four o'clock
　　to pick up their children.

㉟　I finish work at six o'clock.

㊱　I meet my friends at an Italian restaurant
　　in Ebisu.

㊲　We order wine, salad, and pasta.

㊳　We make plans to travel to Spain in the summer.

㊴　We decide to book tickets and a hotel online.

㊵　We check restaurants and shops we want to
　　visit in Spain.

㊶ I receive a LINE message from my boyfriend and we chat for a while.

㊷ He is on a business trip to Osaka this week.

㊸ He wants to watch a Hanshin Tigers baseball game as he is a big Tigers fan.

㊹ I come home at ten thirty.

㊺ I take a long, relaxing bath.

㊻ I practice yoga exercises for about half an hour.

㊼ I prepare clothes for tomorrow.

㊽ I go to bed at midnight.

㊾ I read a book before going to sleep.

㊿ I sleep soundly until the alarm rings again.

家族バージョン

① We all get up at seven o'clock.

② I start cooking breakfast.

③ My wife does the laundry.

④ She makes a box lunch for our son, Minato.

⑤ I fix my own box lunch.

⑥ We eat breakfast at twenty to eight.

⑦ My wife helps Minato get ready for nursery school.

⑧ She and I prepare to go to work.

⑨ We all leave home at eight thirty.

⑩ My wife takes Minato to nursery school.

⑪ My wife cycles to her job at a museum.

⑫ She works as a curator.

⑬ The collection features the lifestyles of ordinary people in the Showa era.

⑭ The museum receives many visitors on weekends.

⑮ My son practices for sports day.

⑯ He is very good at drawing.

⑰ He also enjoys reading books.

⑱ I walk to the station.

⑲ I get on a crowded train.

⑳ I read a newspaper on my tablet PC while commuting.

㉑ I stop at a library to do some research for my book.

㉒ I arrive at work at ten thirty.

㉓ I check my e-mails.

㉔ I make a to-do list for the day.

㉕ I make a new book proposal.

㉖ I make galley proof corrections.

㉗ I receive a call from an author.

㉘ I make an appointment to meet him next week.

㉙ I eat lunch at half past one.

㉚ I have a meeting with my colleagues.

㉛ I interview a doctor for a new medical book.

㉜ I type up the interview notes.

㉝ I take a short break and buy a cup of coffee from the convenience store.

㉞ My wife picks up my son from nursery school.

㉟ She stops at a supermarket for groceries.

㊱ They come home at six o'clock.

㊲ My son laughs while watching his favorite TV program.

㊳ He plays with his Lego set.

㊴ My wife cooks dinner.

㊵ She tells Minato to put his toys away.

㊶ They have their evening meal at seven o'clock.

㊷ My wife and son take a bath together.

㊸ My wife puts him to bed.

㊹ She sometimes falls asleep by his bedside.

㊺ I finish work at nine o'clock.

㊻ I come home by ten.

㊼ I have a late dinner by myself.

㊽ I work on an essay and book reviews.

㊾ I update my blog.

㊿ I go to bed at around one o'clock.

「独身女性バージョン」（P.61）日本語訳例

① 目覚まし時計が6時に鳴る。

② すぐに起床する。

③ テレビをつける。

④ 手早くシャワーを浴びる。

⑤ 髪を乾かし、とかす。

⑥ 急いで着替える。

⑦ お化粧をする。

⑧ コーヒーを1杯飲む。

⑨ 朝ごはんをたっぷり食べる。

⑩ 新聞の見出しを読む。

⑪ 歯磨きをする。

⑫ テレビの天気予報をチェックする。

⑬ 洗濯物を外に干す。

⑭ 8時半に出勤する。

⑮ 駅まで歩く。

⑯ 電車で通勤する。

⑰ いつも混雑した車両は避ける。

⑱ クライアントのオフィスで上司と待ち合わせる。

⑲ クライアントとミーティングをする。

⑳ 現在のプロジェクトを再検討する。

㉑ クライアントが工場を案内してくれる。

㉒ 新製品のプレゼンをする。

㉓ クライアントが新製品の1つに興味を示す。

㉔ オフィスに戻る。

㉕ お昼休みは12時から。

㉖ 同僚と昼食を食べる。

㉗ 近所の新しいタイレストランへ行く。

㉘ みんなでおいしいグリーンカレーセットを注文する。

㉙ 昼食後、散歩する。

㉚ 上司にレポートを提出する。

㉛ 上司はレポートを承認する。

㉜ クライアントにメールで見積書を送る。

㉝ 新規プロジェクトの予算要求を財務部に提出する。

㉞ 同僚の何人かは、子どもを迎えに行くために4時に退社する。

㉟ 6時に仕事を終える。

㊱ 恵比寿のイタリアンレストランで友達と会う。

㊲ ワイン、サラダ、パスタを注文する。

㊳ 夏にスペインへ行く計画を立てる。

㊴ 航空券とホテルをネットで予約することにする。

㊵ スペインで行きたいレストランやお店を調べる。

㊶ ボーイフレンドから LINE メッセージが届き、少しチャットする。

㊷ 彼は、今週大阪に出張に行っている。

㊸ 阪神タイガースの大ファンの彼は、野球の試合を観戦したい。

㊹ 10時半に帰宅。

㊺ ゆっくりリラックスしてお風呂に入る。

㊻ 30分ほどヨガの練習をする。

㊼ 明日の服を準備する。

㊽ 12時に布団に入る。

㊾ 眠る前に本を読む。

㊿ 目覚ましが鳴るまでぐっすり眠る。

「家族バージョン」（P.63）日本語訳例

① 全員7時に起床。

② 朝食を作り始める。

③ 妻は洗濯をする。

④ 妻は息子ミナトの弁当を作る。

⑤ 自分用の弁当を詰める。

⑥ 7時40分にみんなで朝ごはんを食べる。

⑦ 妻はミナトの保育園へ行く準備を手伝う。

⑧ 妻と私は出勤の準備をする。

⑨ みんなで8時半に家を出る。

⑩ 妻はミナトを保育園に送る。

⑪ 妻はミュージアムの職場へ自転車で行く。

⑫ 彼女は学芸員として働いている。

⑬ 昭和の庶民の暮らしぶりを展示している。

⑭ ミュージアムには週末の来館者が多い。

⑮ 息子は運動会の練習をする。

⑯ 彼は絵を描くのが得意だ。

⑰ 彼は本を読むのも好きだ。

⑱ 歩いて駅に向かう。

⑲ 混雑した電車に乗る。

⑳ 通勤途中にタブレット PC で新聞を読む。

㉑ 本のリサーチをするために図書館に立ち寄る。

㉒ 10時半に出社。

㉓ メールをチェックする。

㉔ その日のやることリストを作る。

㉕ 新しい本の企画書を書く。

㉖ ゲラの校正をする。

㉗ 著者から電話を受ける。

㉘ 来週、彼と会う約束をする。

㉙ 1時半に昼食をとる。

㉚ 同僚とミーティング。

㉛ 新しい医療本のために、医師に取材する。

㉜ 取材メモをタイプする。

㉝ 少し休憩をとって、コンビニでコーヒーを1杯買う。

㉞ 妻は息子を保育園に迎えに行く。

㉟ 彼女は、買い物のためにスーパーに立ち寄る。

㊱ 2人は6時に帰宅する。

㊲ 息子はお気に入りのTV番組を観て笑う。

㊳ 彼はレゴで遊ぶ。

㊴ 妻は夕食を作る。

㊵ 妻はミナトにおもちゃを片付けなさいと言う。

㊶ 2人は7時に夕食をとる。

㊷ 妻と息子は一緒にお風呂に入る。

㊸ 妻は息子を寝かせる。

㊹ 彼女は時々息子の横で眠り込む。

㊺ 9時に仕事を終える。

㊻ 10時までに帰宅。

㊼ 1人で遅い夕食をとる。

㊽ エッセイや書評を書く。

㊾ ブログを更新する。

㊿ 1時ごろ就寝。

ここでは、独身の働く女性と家庭を持つ男性編集者を想定して例文を用意してみました。

　既婚女性や独身男性の場合はこれとはまったく異なるパターンになるでしょう。個人によっても大きな違いがあるはずなので、ここで紹介した英文を参考に自分に合った「50英文」に書き換えてみるとよいでしょう。

　初めは自分独自の「50英文」を作るのは難しいかもしれません。その場合は、単語を差し替えて作ってみてください。さらに、日常英会話の教材などで、あなたの生活に合う文章を見つけることもできるでしょう。

　独自の「50英文」の仕込みができたら、それを繰り返し音読し、短い英文を声に出して読むことに慣れていきます。地味な作業に感じるかもしれませんが、これはスピーキングの基礎トレーニングなのでおろそかにしてはいけません。ここをしっかりと押さえておかないと、将来的に長文や複雑な文に直面したときにつまずいてしまいます。

　文章を作る際に、注意してほしいことが1つあります。それは、「I」や「We」だけの単調な表現になるのを避けることです。

　主語を「My friend」や「My husband」などに替えて、バリエーションを増やしてください。

「50英文」を縦横無尽に活用させ、豊かな表現を習得しよう

自分の生活に合わせた「50英文」が完成したら、これをたたき台にして活用させ、音読練習しましょう。

イメージとしては、将棋の「飛車」「角」「桂馬」の動きのように縦横無尽に変化させていくのです。

ステップ1として、現在形の肯定文を否定文や疑問文に変換します。

ステップ2では、ステップ1で作成した肯定文、否定文、疑問文の時制を変えて、過去形、未来形などを作成して、自分独自の教材にするのです。

実際の会話では様々に活用されたセンテンスが飛び交います。それを想定して、機械的に口から出るようになるまでトレーニングして、「瞬発力」を鍛えてください。

学校英語では、動詞の活用を暗記しますが、実際の文で練習したほうがより自然に状況をシミュレートできます。

次のページには「I practice yoga.」という例文を基本形として活用パターンを用意しましたので参考にしてください。

例文には含みませんでしたが、トレーニングが進んだら、

縦横無尽の活用イメージ図

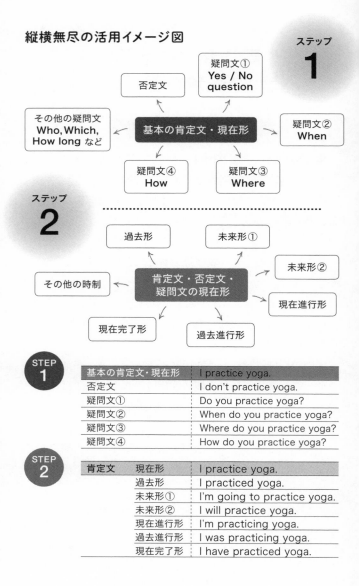

ステップ **1**

否定文

疑問文①
Yes / No
question

その他の疑問文
Who, Which,
How long など

基本の肯定文・現在形

疑問文②
When

疑問文④
How

疑問文③
Where

ステップ **2**

過去形

未来形①

その他の時制

肯定文・否定文・
疑問文の現在形

未来形②

現在進行形

現在完了形

過去進行形

STEP 1

基本の肯定文・現在形	I practice yoga.
否定文	I don't practice yoga.
疑問文①	Do you practice yoga?
疑問文②	When do you practice yoga?
疑問文③	Where do you practice yoga?
疑問文④	How do you practice yoga?

STEP 2

肯定文	現在形	I practice yoga.
	過去形	I practiced yoga.
	未来形①	I'm going to practice yoga.
	未来形②	I will practice yoga.
	現在進行形	I'm practicing yoga.
	過去進行形	I was practicing yoga.
	現在完了形	I have practiced yoga.

否定文	現在形	I don't practice yoga.
	過去形	I didn't practice yoga.
	未来形①	I'm not going to practice yoga.
	未来形②	I won't practice yoga.
	現在進行形	I'm not practicing yoga.
	過去進行形	I wasn't practicing yoga.
	現在完了形	I haven't practiced yoga.

疑問文①	現在形	Do you practice yoga?
	過去形	Did you practice yoga?
	未来形①	Are you going to practice yoga?
	未来形②	Will you practice yoga?
	現在進行形	Are you practicing yoga?
	過去進行形	Were you practicing yoga?
	現在完了形	Have you practiced yoga?

疑問文②	現在形	When do you practice yoga?
	過去形	When did you practice yoga?
	未来形①	When are you going to practice yoga?
	未来形②	When will you practice yoga?
	現在進行形	When are you practicing yoga?
	過去進行形	When were you practicing yoga?
	現在完了形	When have you practiced yoga?

疑問文③	現在形	Where do you practice yoga?
	過去形	Where did you practice yoga?
	未来形①	Where are you going to practice yoga?
	未来形②	Where will you practice yoga?
	現在進行形	Where are you practicing yoga?
	過去進行形	Where were you practicing yoga?
	現在完了形	Where have you practiced yoga?

疑問文④	現在形	How do you practice yoga?
	過去形	How did you practice yoga?
	未来形①	How are you going to practice yoga?
	未来形②	How will you practice yoga?
	現在進行形	How are you practicing yoga?
	過去進行形	How were you practicing yoga?
	現在完了形	How have you practiced yoga?

ステップ１では、疑問詞の「Who」、「Which」、「What time」、「How long」、「How often」も加えてみてください。

またステップ２では、その他の時制、つまり現在完了進行形、過去完了形などへも活用が可能です。

ところで、未来形の２つには違いがあります。前提条件によって「be going to」か「will」のどちらを使うのかが異なるのです。「be going to」はあらかじめ決まっていることをこれから行う場合に使い、「will」は事前の予定はなく今この瞬間に決定し、これから何かを行う場合に使います。あるいは、強い意志で何かを行う際にも用いられます。

１日の行動の流れを追いながら、算数の九九のように何度も繰り返して音読していくことで、着実にスピーキングの基礎力をつけることができるはずです。

先ほど触れた朝の連ドラの授業風景の場面では、ブラックバーン校長（ミス・ブラックモアがモデル）が「Future!」「Past!」と指示すると、女学生たちが未来形や過去形に変換して暗誦していました。

音読を上達させるコツは、リズムや抑揚、発音に意識を集中することです。「I get up at six.」と言うときも、「アイ・ゲット・アップ・アット・シックス」ではなく、「アイゲタップアッシックス」と聞こえるように唱えてください。リズムや抑揚、発音については、「発音」の章で詳しく説明しますが、その前段階として、日本語読みにならないように注意を払ってほしいのです。

自分で作った「50 英文」は、最終的には3分を目標に
音読を終えるように練習し、それを毎日繰り返します。

　このトレーニングを続けると、英語を口にすることへの
違和感がなくなっていきます。音読の習慣づけができたら、
新しい構文をどんどん増やし、さらに練習を重ねていって
ください。

レコメンド教材

『CD-ROM・音声 DL 付
起きてから寝るまで英語表現 1000』
荒井貴和、武藤克彦著、吉田研作監修／アルク

『音声 DL 付
起きてから寝るまで子育て英語表現 1000』
春日聡子著、吉田研作監修／アルク

流ちょうに話したいのであれば、音読は必須

　かつてベストセラーとなった本に『声に出して読みたい日本語』（齋藤孝著／草思社）がありました。この本が訴えていたのは、「声に出して読み上げるとそのリズムとテンポの良さが身体に染み込んでくる」という点でした。

　その点は英語もまったく同じです。自然なリズムとテンポを身に付けるために、音読を行い、口慣らしをします。

　現役の通訳者も仕事の前の準備運動として音読をし、口の動かし方を英語の動きに慣らしてから現場に向かうこともあるほど。そうするうちに、口が回り始めるのです。

　スピーキングに自信のない人は、「50英文」の他にも音読を毎日コツコツ実践してください。声優になったつもりでテキストを目の前にかざし、しっかりと前を向いて音読していきます。

　テキストは音源付きの短いもの（200～300ワード程度）を選ぶとよいでしょう。手持ちのリスニング教材でも十分です。ここで重要なのは、テキストの内容をしっかりと理解した上で音読することです。

　好きな洋楽アーティストがいれば、曲の歌詞を入手して、それを音読するのもよい方法です。

これらを許す限りの時間をかけて、ゆっくりと丁寧に繰り返し音読し、よどみなくスラスラと読めるまで続けます。

　その際、テキストが1つだけでは飽きてしまうかもしれないので、3つくらいのテキストを用意し、その日の目的や気分で変えてみてもよいでしょう。

「自然な英語」に聞こえるかセルフチェックしよう

　自分が話す英語を定期的に録音し、お手本にした英語音源と聞き比べてください。これを行うことで、発音や抑揚がきちんとできているかセルフチェックすることができます。

　スマホのアプリを使えば簡単に録音ができるので、継続的にチェックを繰り返すとよいでしょう。

　自分の声を聞くのは気恥ずかしいものですね。しかし「No pain, no gain.」（苦なくして、得るものなし。）の姿勢で現状を直視してください。

　客観的に声のトーン、リズム、抑揚、発音、聞きやすいスピードかどうかを確認してみると、改善点が見えてきます。

英語を勉強できる環境は
どこにでもある

　英語の上達を早めるには、並々ならぬ執着心を持つこと
です。いつ何時（なんどき）であっても英語のことを考えてみましょう。
そこで実行してほしいのが、隙間の時間を使って身の回り
の情景を英語で実況することです。

　現時点での英語力を総動員して、まずは朝の通勤時の様
子を表現してみましょう。意識して情景を表現する訓練を
することによって、あなたの英語表現力は確実にアップし
ていくのです。

The platform is crowded with commuters. They
are all rushing to work. There was an accident at
Chofu Station this morning so my train is delayed
again. I feel so frustrated!
（ホームは通勤者であふれています。彼らはみな仕事場へ
と急いでいます。今朝、調布駅で事故があり、電車がまた
遅れ、すごくイライラする！）

　通勤途中の車窓からの風景を描写してもよいでしょう。

It's a beautiful sunny day, the calm surface of the

River Tama reflects the bright winter sunlight and my train crosses over the bridge. An elderly couple walk their dog along the river, joggers run past them and soccer players practice for a game on the wide riverbank below.

（素晴らしい晴天の日。静かな多摩川の水面に冬の陽光が反射して、電車は橋の上を通過する。老夫婦が川沿いで犬の散歩をし、その横をジョギングする人が通り過ぎていく。サッカー選手たちが下の広い河川敷で試合の練習をしている。）

　最初のうちは、簡単なフレーズで問題ありません。大切なのは、その場の状況を実際に英語で表現してみる意欲です。こうした試みが英語の基礎力を高めていきます。
　身の回りの状況を説明できるようになると、「I」以外の主語で始まるセンテンスの使い方に慣れてきていることに気が付くはずです。

　実況を行うときは、それらのフレーズを実際に会話で使っている自分を想像してみてください。想像することで、実況にも力が入ります。目的なしにやみくもに続けようとすると、どうしても途中で飽きてしまいがちなので要注意です。
　短いセンテンスの羅列から始めて、次第に表現のレベルを上げていき、フレーズのパターンを増やしていきます。こうした日常の練習が、いざ英語で会話を交わすときに驚くほど役に立つのです。

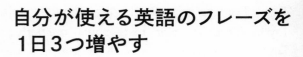

自分が使える英語のフレーズを 1日3つ増やす

　英語で自由に操れるフレーズを確実に増やしたいのなら、日本語で自分がよく口にするセリフを毎日3つ選び、英文を作ってみることです。日記帳に記録をつけるのもよいでしょう。英文の作り方に自信がない場合は、リーディングの勉強の際に見つけた、「これは使いたい」と思う表現を書き留めてみましょう。

① 「やらなきゃいけないことがたくさんありすぎる」
② 「何か手伝ってほしいことがあったら、言ってね」
③ 「今日の夕方までには仕上げて、メールで送ります」

　このようなちょっとした表現は多くの人が日常的に使っているのではないでしょうか。

① I have too many things to do.
② Let me know if you need help.
③ I will finish this by the evening and e-mail it to you.

文章ができたら、それを声に出して練習します。こんな方

法で１日３つずつ使いたいフレーズを増やしていくのです。

突然、英語で話さなくてはならなくなった場合、とっさに言葉が出てこないケースがほとんどだと思います。こうした苦しい状況に陥らないためにも、日本語で普段から話している内容を英語に変換していく習慣をつけてください。

例えば、自分の所属する業界や部署でよく使われるフレーズを覚えておくと、急に海外出張を命じられたとしても対応ができるはずです。

覚えるフレーズは短くて簡潔なもので問題ありません。英会話の本に紹介されているフレーズを覚える方法もありますが、実際に使う確率が低いものはなかなか頭に入ってきません。それよりもむしろ、直接自分に関係のあるフレーズを常にストックしておくことをおすすめします。

レコメンドサイト

YouTube チャンネル
Learn English With TV Series
https://www.youtube.com/channel/
UCKgpamMlm872zkGDcBJHYDg

テレビドラマや映画、アニメの中に出てくる日常的なセリフを説明付きで紹介してくれます。英語の字幕付きです。

自己紹介は仕込みが可能。事前にネタを暗記し、稽古をしておく

　初めて人と会う場面で、必ず行うのが自己紹介です。これはプライベートでもビジネスでも避けては通れない実践的なコミュニケーションの基本です。

　スピーキングの基礎作りとして、自己紹介の練習をしてみてください。

　自己紹介のいい点は、話すネタを新たに考える必要がないということ。ただし、相手を前にしておどおどしないように話す内容は事前に準備しておかなくてはなりません。

　その点では、お笑い芸人や落語家の稽古に似ているかもしれませんね。ステージや高座で雄弁に語る裏で、ネタをしっかりと暗記し、稽古を積んでいるからこそ、多くのファンを引き込む、魅力にあふれたパフォーマンスができるのです。

　準備もせずに、最初から自己紹介の英文が頭にスラスラと浮かんでくる人はそうそういません。ですから、まずは日本語で箇条書きを用意し、わからない単語は辞書で調べながら文章を作ってみることです。その後は、それを繰り返し読みながら暗記し、音読をして、実践のアウトプットに備えます。

Hello. My name is Hisako Ueno. I'm from Japan.（こ
んにちは。私の名前は上乃久子です。日本から来ました。）

　出だしは、お決まりのパターンでいいのです。最初は少々
堅苦しい感じで、台本を読んでいるような英語になってし
まうかもしれませんが、それでもかまいません。とにかく
実際に練習を始めることが重要です。文章については長い
ものにする必要はなく、短く簡潔にまとめましょう。

　これを繰り返していくうちに、こなれた自分の言葉に
なって口からスムーズに出てくるようになります。

　実践で自己紹介に慣れていきながら、内容や長さを応用
してさらにいくつかのパターンを用意しておきます。生真
面目な内容よりも、笑いを取るくらいの内容で自己PRで
きるように準備しておくとよいでしょう。

自己紹介の次のステップは？

　いくつかのバージョンを通して、より詳しく自己紹介が
できるようになったら、次は他人の紹介に挑戦してみま
しょう。

　家族、友人、学校の先生、同僚、上司など、身近にいる
人たちを対象にして、彼らを紹介する方法を考えていくの
です。

　ビジネスパーソンの場合、海外出張先で、「こちらが私
の上司です」と、上司を紹介する場面に遭遇することもあ
るでしょう。また、少しカジュアルな場面では、家族や友
人などについて話す機会もあるはずです。

ただし、上司や同僚を英語で紹介する際に気を付けなく
てはならないことがあります。

This is Suzuki. He is my boss / colleague. （こちらは
鈴木です。彼は私の上司／同僚です。）

　日本的な感覚であれば、このように相手に紹介するかも
しれません。しかし、英語の場合、たとえ上司や同僚であっ
たとしても、名前の前に敬称である Mr. や Ms. を付ける
のが一般的。日本語にすると、「こちらが私の上司の鈴木
さんです」という意味になるため、どこか違和感を抱くか
もしれませんが、これが英語による他人紹介の基本マナー
です。

拙い英語でも耳を傾けてもらう方法

　他人の紹介にも慣れてきたら、その次は自分の会社、出
身地、住んでいる街、国といった具合に、身の回りの詳細
情報についても紹介、説明できるように準備しておきま
しょう。
　私自身、仕事やプライベートで外国人に会う機会が頻繁
にあります。その際、彼らの多くが自分の国や文化のこと
を雄弁に語ってくれます。
　私もそうした話を聞くのが好きですし、また相手も日本
の国や文化について聞くことを期待しているものです。
　事実、相手が自分の国の話をしばらくすると、

How about in your country? （あなたの国ではどうですか？）

と尋ねられることがしょっちゅうあります。

　その際に何も答えられなければ、せっかくの会話が途切れてしまいます。さらに、「自分の国なのに、何も知らないのかな？」と、残念な印象を与えてしまうかもしれません。

　英語だからといって臆する必要はないのです。普段から日本語で話していることを英語に切り替えて、準備、練習してみましょう。

　実際に準備と練習を始めてみると、一言では説明しにくい習慣や用語が多いことに気付くはずです。それらは事前に調べておく必要があります。こうしたステップを踏みながら、英語で話せる内容を増やしていかなければなりません。できるだけウィットに富んだ、印象に残るネタやオチがストックできると、相手もこちらの話に耳を傾けてくれるでしょう。

　日本について紹介したいのであれば、参考になる本は多数出版されています。これらを読み込んでおき、場面に合わせて応用、活用してください。

レコメンド教材

『カラー改訂版 CD付 日本のことを
1分間英語で話してみる』　広瀬直子著／KADOKAWA

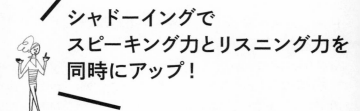

シャドーイングで
スピーキング力とリスニング力を
同時にアップ！

「50英文」の音読、自己紹介に慣れ、反射的にいくつかの英語のフレーズが口から出てくるようになったら、もう少し長い英文の「シャドーイング」にチャレンジしてみましょう。

シャドーイングとは、聞こえてきた英語の音源をそっくりまねて、そのままオウム返しに発音していく訓練です。

英語を聞き続けていると徐々にわかってくると思いますが、英語には独特の抑揚があります。"歌のこぶし"のようなものと言ってもいいでしょう。また、日本語とはまったく違うリズムで言葉が紡ぎ出されることもわかってくるはずです。

シャドーイングをやってみると、最初はなかなか音源のスピードについていけず、難しいと感じるかもしれません。しかし、日本語にはない語感（リズムや抑揚）を身に付けておかないと、いつまで経っても通じる英語が話せるようにはなりません。スピーキング力を向上させる上で非常に重要なトレーニングなので、頑張ってチャレンジしてみましょう。

段階別にシャドーイングの練習方法を説明します。

① リスニング（まずは音源を聞くだけ）

② ハミング（音に合わせ、聞こえてくる英語の流れだけをなぞっていく）

③ マンブリング（聞こえてきた英語に合わせて、小さな声でボソボソつぶやいていく）

◆ さらに次の段階では最初はテキストを見ながら行い、慣れたらテキストを見ずに音源に合わせて発声します。

④ シンクロ・リーディング（音源のスピードに合わせて声を出して読んでいく）

⑤ プロソディー・シャドーイング（英語の音をできるだけ正確にまねて発声していく）

⑥ シャドーイング（テキストの意味を理解した上で、音源のまねができている手応えを感じながら発声する）

　シャドーイングのコツは、ネイティブ・スピーカーになったつもりで英語を話すこと。 これを恥ずかしがらずに繰り返してください。

　いきなり⑤や⑥から始めても、うまくいきません。じっくりと段階を踏みながら、まずは②と③で語感を体得してから次に進みましょう。

　シャドーイングのもう1つのコツは、音源の英語を注意深く聞くことです。耳に意識を集中してしっかりと聞き取らなくては、そもそもまねはできません。

　これらのコツを踏まえた上で、抑揚、リズム、発音に注

意を払いながら、繰り返しシャドーイングを行ってください。

シャドーイングの教材については、CD付きの教材以外に、お手持ちのTOEICやTOEFLなどの聞き取り問題のパートをそのまま使うこともできます。

レコメンド教材&サイト

『CD付 決定版 英語シャドーイング 入門編 改訂新版』
玉井健著／コスモピア

シャドーイングの練習用に編集された教材。6段階のプロセスで中長期的に訓練するのにおすすめです。CD付き。

- -

VOA Learning English
https://www.youtube.com/user/VOALearningEnglish

アメリカの国営放送「ボイス・オブ・アメリカ」が英語学習者のために作った動画サイトです。スピーキングやグラマー、ボキャブラリーなどについてネイティブ・スピーカーがわかりやすく解説してくれます。すべての動画に英語の字幕が付いているので、シャドーイングにはもちろんのこと、総合的な学習にも活用できるおすすめサイトです。

- -

Voice of America 公式アプリ
音声スピードはナチュラルに近く、スクリプトなしのため英語自体も上級者向けです。

スピーキングの上達に不可欠な心に宿る強い気持ち

　様々なスピーキング上達法がある中で、学習を持続させる力となるのは、何と言っても心に宿る「話したい」「伝えたい」という気持ちです。

　私の心の中には、今でも常にこの「話したい」「伝えたい」という強い気持ちがあります。自分の考えを相手に伝えられたときの達成感といったらありません。これがスピーキングの醍醐味なのだと思います。

　残念なのは、日本の政治家、経営者や大学の教授などの知識人に英語で発信できない人があまりにも多いことです。私が取材でインタビューを申し込むと、「英語ができないんです」という答えがよく返ってきます。

　誰もが英語を話せなくてはいけないというつもりは毛頭ありません。しかし、せっかく素晴らしい意見を持っているのに、英語ができないという理由から消極的になってしまうのは非常に残念だなと感じます。

　今英語を勉強している人たちは、こうした問題意識を感じて勉強しているのかもしれません。そうでなくても、将来、自分が英語で発言しなくてはならない立場に置かれることも考えられるでしょう。そうした場面を今から想定し、スピーキング力を鍛えてみてください。

団地の寺子屋英語塾からの
スタート

　"英語オタク"と言っていいほど英語が好きな私は、学生のころから英語の勉強をコツコツと続けてきました。

　では、これまでどのように英語に関わってきたのでしょうか。まずは英語との出合いについて触れながら、振り返ってみようと思います。

　私の出身地は岡山県倉敷市です。家から少し歩くと瀬戸内海が広がる、のんびりとした環境で育ちました。都会の子どもたちのように、中学受験をするような子どもはほぼ皆無。もちろん私も市立中学、県立高校に通いました。

　当時、公立に通う子どもたちが学校で初めて英語を習い始めるのは中学1年からでした。

　特に教育熱心というわけでもない両親ですが、英語の塾に通いたいという願いを聞き入れてくれ、中学1年生の私は近所の英語塾に通うことになります。

　塾と言っても、大げさなものではありません。　全国展開をしている大手の学習塾など田舎にはあるはずもなく、近くの団地に住んでいた女性が営む"寺子屋"のような英語塾でした。

　とはいえ、これが英語に対する私の積極的なアプローチの

第一歩となったのです。

　塾の先生は、当時40代のシングルマザー。非ネイティブの日本人のおばさんです。

　父親が知り合いから「岡山大学を卒業した優秀な人が英語塾を開いている」と聞きつけてきたのです。

　岡山のような地方では、国立大学の威厳ははかりしれません。幼い私も「岡大出身の先生に教えてもらえる！」と期待に胸を膨らませ、塾に通い始めたのです。

　授業は週に1回。月謝は5,000円でした。

　寺子屋塾の授業は、先生が住む団地の6畳の畳部屋で開かれました。近所の同学年の生徒が数人集まり、学校で使用する英語の教科書を使いながら、授業より1、2単元先の内容を学んでいきます。

　和気あいあいとした雰囲気の中で先生が英語の文法や構文を説明し、節目ごとにテストもありました。

　ここに通っていた子どもたちは英語が得意な人が多かったので、自然と私も彼らに刺激されて、テストの結果を常に競いながら英語を勉強するようになります。

　私が特に好きだったのは、教室で行われる「単語競争」です。先生が、日英の単語を100語ずつ用意し、
競争をしながら書き出していくと
いうものでした。

奇をてらった内容は一切ありませんでしたが、教科書の構文をきっちりと学びながら「基本のキ」が身に付いてくると、英語に対する興味はさらに膨らみ、塾での英語学習はますます楽しくなっていきました。あのときの塾の光景は、今でも鮮明に覚えています。

高校の英語の授業に幻滅する……

　中学校を卒業すると、私は倉敷の中心部に近い県立高校に進学しました。英語に対する興味は覚めやらず、16歳になった私は、「英語を実際にしゃべってみたい！」と考えるようになります。

　ところが、ここで大きな障害にぶち当たるのです。その障害の正体とは、何を隠そう、高校の英語の授業でした。

　授業は、グラマーとリーディングの繰り返し。さらには教材の英文が吹き込まれたカセットテープを流すばかりで、実践的な会話を習うことは皆無でした。そのため、活気を一切感じられない授業内容だったのです。

　「うちの学校の英語教師たちは、絶対に英語がしゃべれないに違いない」

　この疑いは、ある時点から確信へと変わっていきました。

　「あー、つまらない」

　生意気にもそんな感情を募らせていた高校2年生のとき、朗報が舞い込んできたのです。

その報せをつかんできたのは、再び父親でした。なんと倉敷の中心部にアメリカ人の女性が住んでいて、英語の教室を開いているとのことでした。

「英語が通じた！」

　今となっては倉敷で外国人の姿を見かけるのは特に珍しい光景ではありませんが、私が高校生だった 1980 年代後半は、まだまだ外国人は希少な存在でした。そんな折、"本物"のアメリカ人から英語を習うチャンスが舞い込んできたのですから、私の英語への興味は加速度的に高まりました。気が付けば、私は父親が見つけてきた英会話教室に熱心に通う女子高生になっていたのです。

　自宅からバスに揺られて約 30 分。近い距離とは言えませんでしたが、アメリカ・ニューハンプシャー州出身のメアリーさんと英語で話ができると思えば、まったく苦になりません。授業の内容も、会話を重視した実践的なもので、そこに通うだけで英会話ができるような気持ちになりました。

　この教室に通ってくるのは、倉敷市役所に勤めているおじさん、会社員のお姉さん、私と同い年で交換留学経験のある女の子ともう 1 人の女の子という顔ぶれで、英語のレベルは私が一番下でした。
　このころの私の願望は、

英語を自由に話せるようになること。そのため、毎日のように カセットテープの音源を聞きながら、カラフルなイラスト 入りの会話用のテキストを開いて勉強していました。

　そんな努力が報われたのか、習ったとおりに先生に英語で 話しかけてみると、しっかりと返事が戻ってきます。

　「英語が通じた！」

　とてもうれしくなり、私の英語熱はさらに高くなっていき ました。

Chapter **3**

発音

pronunciation

「縦にも、横にも、大きく」が基本。口の動かし方が大切なわけ

　スピーキングと並行して練習しなくてはならないのが、発音です。せっかく英語を話すのであれば、日本語訛りのぎこちない英語ではなく、できるだけ滑らかに話すことを目指したいですね。

　発音が下手でも、話す内容がよければさほど気にすることはないと解説する本もあります。

　発音は、人でたとえると"外見"に該当します。少しでも耳に心地よく、つまり聞き手が聞きやすいように話している姿勢を示すべきです。

　発音をよくするために気を付けてほしいのが、口の動かし方です。英語は日本語と違い、とにかく顔の筋肉、特に口の周りの筋肉を大きく動かします。

　このことは、ネイティブが話しているのを見るとよく理解できるはずです。彼らの口を見ていると、縦にも、横にも、大きく動いています。

　実際に英語を話してみるとわかると思いますが、英語には口や唇を大きく動かさないとうまく発音できない単語が多いのです。

　例えば、「these」を発音する際には、舌先を軽く上下

の前歯に触れ、その後は口角を上げなくてはなりません。

　別の例は「all」。日本語で書くと「オール」ですが、発音記号で表すと［ɔːl］となり、この単語を発音するには口を大きく開けて舌を喉のほうへ少し引っ込め、「l」の音を出すときには一気に舌を上の歯の後ろに運んでいく必要があります。

　日本人の英語で特徴的なのは、口をあまり動かさないことです。そのせいか、声がどうしても弱々しくなってしまい、英語独特の発音ができません。

　中学校や高校の英語の授業で、細長く切った紙切れを口の前に置き、「p」を発音して紙切れを動かす練習をした人も多いと思います。

　「p」のような破裂音だけでなく、英語は全体的に大声量で大げさな発音をする言語なのです。このことを認識して発音の練習をするとよいでしょう。

早口言葉で口の準備体操をしよう

　英語の発音用に口を動かすためには、英語の早口言葉（tongue twister）を準備体操として行い、英語の口の動かし方に慣れていくとよいでしょう。

　これを始める前に、まずは顔の筋肉をマッサージしておきます。

　人指し指、中指、薬指の3本を頬に当て、大きな円を描

くように頬を動かし顔の筋肉を緩めます。

　次に、指を頬に置いたまま「アエイウエオアオ」と声に出し、頬の筋肉まで連動して動いているのを感じながら、ゆっくりと大きく口を開けて発声します。

　「ア・エ・イ」は口を横に大きく広げ、「ウ・オ」は、唇をしっかりと突き出すように発声するのがコツです。

　続いて、親指と人指し指で頬をつまみ、「イーエー」と声を出しながら横に引っ張って伸ばします。

　本題の早口言葉に移ります。ネイティブもよく知っている有名なものを用意しました。

　まずはゆっくりと大きな声で、丁寧に発音するよう心がけて練習していきます。慣れてきたら、少しずつスピードを上げてみてください。

① I scream, you scream, we all scream
　 for ice cream!
② She sells sea shells by the seashore.
③ Peter Piper picked a peck of pickled peppers.
④ Seventy sailors sailed seven swift ships.
⑤ Red leather, yellow leather.
⑥ The witch wished a wicked wish.

　これらを5回ほど繰り返し、口の動きを"英語仕様"に調整していくのです。

英語の肝は
独特の抑揚にあり

　日本語の発話は、概してこもり気味で、加えて抑揚が乏しいため、日本人の話す英語は相手の耳に届きにくいという傾向もあります。

　英語を話す際には、<mark>できるだけ低音で、太く大きな声を出すように心がけ、相手にしっかりと聞き取ってもらうことを意識してください</mark>。また、落ち着いて話すことも大切です。

　日本人の悪い癖は、単語をローマ字読みしてしまうことです。スペルを覚えるときの癖が残り、「restaurant」を「レスタウラント」、「mysterious」を「ミステリオウス」に近い発音をしてしまう人が多いのです。これでは、日本人以外の相手にはなかなか通じません。

　ローマ字読みで平板な声で話すのではなく、<mark>重要な意味の単語には大げさと思うくらいにアクセントを強調して話すことが大切です</mark>。この点を注意するだけでも、聞こえ方がまったく違ってきます。

　ネイティブ・スピーカー同士の会話でも、単語1つひとつに聞き耳を立てて聞いているわけではありません。日本

語でも同じだと思いますが、多少聞き取れない部分があっても、全体の文脈と抑揚とリズムで何を話しているか、だいたい理解できるのです。

ローマ字読みを卒業し、英語独特の抑揚をマスターすることを目指しましょう。

抑揚とリズムがよすぎて起きた失敗

冗談のような話ですが、英語の抑揚とリズムを完璧なまでに身に付けている知り合いのミュージシャンの実話を紹介します。

ロック界の重鎮ドラマーと称されるだけあって、抜群のリズム感を備えるKさん。何度もアメリカで仕事をしたことのある彼は、英語独特の抑揚とリズムについてはそれなりの自信を持っていて、実際、日常会話にはまったく困りません。

そんな彼があるとき、アメリカにレコーディングに行ったそうです。

さて、空港に到着した彼は、一足先にレコーディングの準備作業に入っている先輩ミュージシャンの山田さんに遅刻を詫びるためにスタジオの受付に電話をしました。

Kさん：Hi. May I speak to Mr. Yamada, please?
（山田さんをお願いします）

発音の上手な彼はたっぷりの抑揚をつけて、「メィアイ スピークゥトゥー　ミスタァ　ヤマーダァ　プリーズ?」

と尋ねたそうです。すると、次のような予期せぬ答えが返って
きてしまいました。

受付：What? You wanna speak to my mother?

（何？　俺のお袋と話したいって？）

Kさん：No, no.　Mr. Yamada, please.

（違います。山田さんをお願いします。）

受付：My mother?　My mother is dead!

（俺のお袋？　俺のお袋はとっくに死んでるぞ！）

Kさん：What? Dead!? Oh!? I'm sorry...

（えっ？　死んだ？　それは、お気の毒様です……。）

　こんなやり取りの後、最終的にはいたずらだと思われて、
電話を切られてしまったとのことでした。

　どうして勘違いされてしまったのか、わかりますか？

　電話を取った受付の人は、「ヤマーダァ」を「your
mother」と聞き取ってしまったのです。

　英語のスラングでは、「your」の代わりに「ya」が使わ
れることがよくあります。さらに、「the」を「da」と発音
することもあるため、「Yamada」が「your mother」、つ
まり相手にとっては「my mother」として認識されてしまっ
たということです。

　正直、ここまで誤解されるほど抑揚がついていれば、相
当上級だと思います。失敗は避けたいところですが、この
くらい大げさな抑揚をつけて話したほうが、英語のスピー
キングとしては正しいと言ってよいでしょう。

あなたは
「vanilla ice cream」を
注文できますか?

　マクロン仏大統領は、演説やTwitterへの投稿で頻繁に英語を使い「最も英語を使うフランス大統領」として知られています。トランプ前米大統領が地球温暖化防止の枠組み「パリ協定」からの離脱を表明した直後、テレビ演説でアメリカ国民向けに英語で演説したことが注目を集めました。トランプ氏のキャッチフレーズ「再びアメリカを偉大に」をひねって、「再び地球を偉大に」と反論しました。マクロン大統領の英語演説は、フランス語の影響が残っていますが、リズムやアクセントも小気味よく、何より訴えたいメッセージが伝わる印象的な演説でした。

　一方、アメリカ・オレゴン州のアイスクリーム店で注文をしようとした私の友人の体験談は、多くの日本人が経験する、発音にまつわる"アクシデント"だと思います。

　彼が注文したかったのは、「バニラ」でした。そこで、何度も言い方を変えて、「バニラ」と店員に伝えたそうです。ところが、苦労して伝えたのにもかかわらず、相手に正しく理解してもらうことができず、バナナアイスが出てきたそうです。

　では、どうして伝わらなかったのでしょうか?

日本語のバニラは「バ・ニ・ラ」と発音します。ところが、英語の「vanilla」は「ヴァ・**ニ**・ラ」と発音するのです。真ん中の「ニ」にアクセントが置かれるリズムになります。

聞き手は、こうしたリズムを聞き分けているので、「v」の発音もさることながら、音節やリズムの正確さも無視できないのです。

　ちなみに、「ice cream」は、「ア・イ・ス・ク・リー・ム」ではなく、「i」にアクセントが置かれ、2音節で「**アイ**・スクリム」と発音する必要があります。

「Lemonade, please.」

　注文に関するエピソードをもう1つだけご紹介します。

　アイルランドを旅行した際のこと、友人がパブでレモネードをオーダーしようとしたのですが、「レモネード」という単語を聞いて、バーテンダーはポカンとするばかりでした。この「lemonade」という単語も日本人には発音しづらい"難敵"です。

　そこで私が、「レム・**ネ**ィド」と言い添えると、レモネードがさっと出てきました。隣にいた友人はびっくりすると同時に、がっかりした様子でした。

　彼女の発音で、「レモネード」は4音節に聞こえます。ところが、本来の発音は2音節で、しかもアクセントは、後半の「ネ」に置かれます。これを意識して発音しないと、なかなか伝わらないのです。

要するに、１つの単語やフレーズ、もしくは長い文章であっても、平板なリズムではなく、音節に気を付けながら、アクセントのある箇所は大げさに発音する必要があるのです。これができれば、相手には自然なメロディーとして受け止められます。

　発音は絶対的な条件ではなく、むしろリズムがあれば通じるのです。

固有名詞の発音にも注意！

　通常、会話を交わしていると、人名や地名、国名、商品名などの固有名詞が必ずと言っていいほど出てきますが、それらを間違って発音してしまうケースもよく見受けられます。カタカナ表記の発音とはまったく異なる場合がよくありますし、アクセントの位置にも注意しなくてはいけません。

　例えば、東南アジアのインドネシアのアクセントは、「インドニージャ / シャ」［ìndəníːʒə］と、カタカナ読みよりも、「ニ」をかなり強調します。また、オリンピック発祥の国ギリシャは、「グリース」［gríːs］と、日本語の表記とはかなり異なります。フィリピンの正式国名は Republic of the Philippines です。日本語では冠詞の「ザ」と複数形の「ズ」が抜けた発音で一般化していますが the Philippines は、「ザ・フィリピィーンズ」と、きっちりと発音するのです。

発音のセルフチェックをするなら、スマホアプリを最大限に活用しましょう。AI の判定で弱点が分析され、自分の癖を客観視することができます。無料、有料アプリは豊富なので、好みのアプリを探すつもりで試してみるとよいでしょう。

機能や内容が充実している学習者向けオンライン英英辞書は、平易な単語で説明されているので、意味を英語で理解する力をつけることができます。

FORVO
https://ja.forvo.com/

- -

Weblio 英和辞典・和英辞典
https://ejje.weblio.jp/

上の2つのサイトでは、単語を検索するとネイティブ・スピーカーによる正しい発音を聞くことができます。

- -

Longman Dictionary of Contemporary English Online
https://www.ldoceonline.com/

英英、和英、英和に対応しています。検索結果と豊富な用例表示が見やすく、トップ画面では、今日の単語、トピックス、写真を見てボキャブラリーを増やすことができます。

- -

Oxford Learner's Dictionaries
https://www.oxfordlearnersdictionaries.com/

学習者向けの英英辞書。CEFR（ヨーロッパ言語共通参照枠）に基づいたレベルごとの必須単語の表示は、習熟度や語学検定試験のスコアの目安となります。

日本人が不得意とする「r」の攻略法

　英語の発音の話をしていて、必ずと言っていいほど話題にのぼるのが「r」についてです。

　日本人の主食は「rice」（お米）ですが、英語で「rice」と発音できず、「lice」（虫）と発音してしまったという話は、典型的な失敗談としてよく聞きます。

　それ以外にも、「sorry」、「right」、「really」、「world」など、「r」を含む重要な単語は数え切れません。

　発音の指南書などを見ると、「r」の発音は舌が歯に触れないように巻き舌にして音を出すと書いてあります。ところが、このとおりに正しく実践するとなると難しいようです。

　そこで、簡単に「r」の音が出せるようになる練習法をお教えしましょう。

　2019年までメジャーリーグで活躍していたイチロー選手の姿をテレビで見たことがあるでしょうか。彼がバッターボックスに入る際、スタジアムDJによる「イチゥロー・スズキー」という独特の節回しが響き渡っていたのですが、あの「ゥロー」の音がまさに「r」の発音なのです。

「r」の発音がなかなかできなくて困っている人は、メジャーリーグのイチローコールを思い出してまねしてみてください。これを何度か練習し、「r」の音に慣れていくとよいでしょう。

　「r」の発音は難しいので、すぐにはできないかもしれません。その場合は、「r」と「l」の発音の区別を少なくとも自分の中でつけておいてください。

最初は発音が下手でもよいので、区別をつけてはっきりと発音していれば、相手はわかってくれます。

「l」や「r」を含んだ名詞の発音

　音節やアクセントの練習として、次に列記したブランド名や固有名詞を発音してみましょう。

　日本人の苦手な「l」や「r」が含まれていますが、ここではそれらの発音以外にもリズムやアクセントに注意してみてください。

Burberry（**バー**・バリ）

Laura Ashley（**ロォゥラ**・**ア**シュリィ）

Ralph Lauren（ゥ**ラ**ルフ・ロレン）

London（**ラ**ンドゥン）

Rome　（ゥ**ロ**ゥム）

単語を正しく発音するための効率的な“奇策”

　日本人がなかなか発音できない単語の一例として「ward」があります。意味は、「病棟」や「(行政) 区」。

　日本に来た外国人に東京を案内すると、ひょっとしたら「There are 23 wards in Tokyo.」という説明をする機会もあるかもしれないので、覚えておくと便利です。

　ところが、多くの人が「ward」の発音に苦労しています。発音記号は [wɔ́ːrd] で、「ウォード」に近い音なのですが、多くの人が「ワード」と発音してしまいます。「セタガヤ・ワード」といった具合です。

　この単語の発音が難しいのは、「r」の発音が含まれていることと、「a」の綴りに影響されてついついローマ字読みをしてしまうからでしょう。

　この単語を正確に発音するにはどうすればいいのでしょうか。私がおすすめしているのが、同じ音を含む単語をいくつかセットで覚える方法です。例えば、「war」[wɔ́ːr] (戦争) というおなじみの単語です。

　「war」の発音を最初に練習し、その後に「d」を加えて、「ward」を発音してみるのです。「ward」ができるように

なれば、次に「toward」[t(əw)ɔ́ːrd]（トゥウォード）という単語の発音もできるはずです。

「war」、「ward」、「toward」………と、順番に繰り返して発音し、苦手な単語の発音を攻略してみてください。

「world」[wə́ːrld]（ワァールド）も頻出単語なので、「r」と「l」の発音をきちんと区別して発音したい単語です。これも同じ音を含んだ単語でグループ化してみます。

「curl」[kə́ːrl]（カール）、「girl」[gə́ːrl]（ガール）、「pearl」[pə́ːrl]（パール）

「tomato」の発音も、日本人には難しいものの1つです。国際線に乗り、飲み物のサービスで「tomato juice」を頼みたかったのに、どうしても通じなかったという経験をしたことはありませんか。それはおそらく、ローマ字読みで「トマト」と発音していたからです。

アメリカ英語の場合、「tomato」[təméitou] は、「ma」の部分が正しく発音できれば、たいてい通じます。そこで、同じ発音を含む「make」[méik] で勘をつかんでから、「tomato」と言ってみるとよいでしょう。

このように苦手な単語は、同じ音を含む単語をグループ化して、まとめて練習をするとよいでしょう。

英語の発音のコツは
「リンキング」にあり

　英語の発音には、単語と単語の間が「弱くなる」「短くなる」「つながる」「消えたように聞こえる」といったパターンがあります。なかでも音が「つながる」ことを「リンキング」と言いますが、これを意識して発音できると、スムーズな英語に聞こえてきます。

　わかりやすい例を挙げましょう。映画『アナと雪の女王』が大ヒットしていたとき、主題歌の"Let It Go"を「レリゴー」と歌っていましたよね。これこそがまさに「リンキング」です。

　別の例が、スピーチの冒頭でよく使われる「First of all」（まず第一に）です。これをブツ切れで発音すると「ファースト・オブ・オール」となりますが、ネイティブでこんな発音をしている人はいません。このフレーズは、音としては「ファースタボー」に近い発音になります。

　この他、「Can I～」は、「キャンアイ～」ではなく「キャナイ～」と発音します。

　リンキングを攻略するには、まずはネイティブの発音を繰り返し聞いて、個々の単語ではなく、意味のかたまり単位で流れをつかみ、発音練習します。

さらに、自分の発音を録音して聞き返し、不自然なところを直していくとよいでしょう。

英語の歌を練習すれば、発音は絶対によくなる

リンキングを楽しみながらマスターしたいのであれば、英語の歌で練習するのがベストです。

そもそも英語はリズミカルな言語なので、英語の歌を覚えることで、英語独特のリズムをつかむことができます。

基本は自分の好きな歌を選んで練習するのがよいのですが、課題曲としておすすめするなら、Ben E. King の "STAND BY ME" でしょうか。音源と歌詞を入手し、実際に歌ってみます。

When the night has come （ウェンザナイ、ハズカム）
And the land is dark （アンザランドイズダーク）
And the moon is the only light we'll see
（アンザムーン、イズディオンリー、ライトゥウィルスィー）
No I won't be afraid （ノ　アイウォーン、ビアフレイド）
Oh, I won't be afraid（オ　アーイウォーン、ビアフレイド）
Just as long as you stand, stand by me
（ジャスタズロン、アジュスターン、スターンバイミー）

正しい発音は、カタカナでは正確に表記できないのですが、便宜上、一番近い音を当てはめてみました。

これを読んでもわかると思いますが、リンキングをすると単語1つひとつを発音するのとはまったく違う音になるのです。

ひょんなことから
「海外」通学をすることに

　近所の"寺子屋"で英語を学んだ私ですが、高校3年になると、進路を考える時期を迎えます。言うまでもなく、大学に行くのであれば英文科に入るつもりでした。

　大学選びを始めた私は、自宅から目と鼻の先にある開通間もない瀬戸大橋のありがたみを、このとき実感することになります。

　1988年に開通した瀬戸大橋は、本州と四国の瀬戸内海両沿岸に住む人たちの生活に大きな影響をもたらしました。まさに私も直接影響を受けた1人で、自宅の最寄り駅から電車で橋を渡って「海外」通学可能な四国・香川県の小さな私立大学に進学することになったのです。

　瀬戸大橋が開通しなければ、おそらく私はこの大学を選ばなかったでしょう。のちに知り合いからは、「何とも安易な選択理由……」とあきれられましたが、地方の生活にどっぷりと浸かって育った私にとって、大都市圏に出ていくという選択肢は思い浮かびませんでした。

　志願理由がどうであれ、晴れて私は英文科への入学を果たしました。そして結果的に、この学科を選んだことは
自分にとって大きなプラスとなります。

小さな規模の大学でしたが、英語に関する教育には定評があり、実践的かつ厳しい授業を受けられたのです。そのため、私の英語力は大きく伸びていきました。

　外国人の先生がたくさん在籍していたことも、大学の魅力の1つでした。週に一度、オフィスアワーなる枠があり、その時間になると研究室が開放され、ネイティブの先生たちと話をすることができたのです。

　キャンパス内の教員住宅に住んでいる先生もいたので、パーティーがあれば出かけていき、そこでまた色々な人を相手に英語で話をしました。

　さらに、先生が出かけるときや、長時間の教授会に出席する際には、ベビーシッターを自ら引き受け、子どもと一緒に遊びながら英会話の練習をすることができました。

　四国の小さな大学に籍を置きながら、地元の英会話サークルに顔を出すなど、私はあらゆる手段を使ってリアルな英語に触れる機会を模索し続けたのです。

アメリカの大学生たちとの出会い

　田舎の大学とはいえ、刺激的な出会いもありました。

　4年生のときです。ベトナム戦争時、ボートピープルとしてインドシナ諸国からアメリカに渡っていった元難民のカリフォルニア大学の学生たちが、自らの体験をもとに自作自演

のミュージカルを公演するために大学にやってきたのです。

その際、国際交流イベントとして、有志の学生たちが彼女たちのガイド役を務めることになりました。

私がとても驚いたのは、彼女たちの英語がとてもきれいなことでした。

幼いころに難民としてアメリカにたどり着いたわけですから、今考えれば彼女たちはほぼネイティブなのですが、同じアジア人の顔をした学生たちが完璧な英語を話していることに大きな衝撃を受けたのです。

このときに私が感じたのは、もっともっと英語を勉強して、彼女たちと不自由なく話がしたいということでした。

その年の冬休み。私はアルバイトをして貯めたお金で航空券を買い、カリフォルニアに彼女たちを訪ねていきました。まだEメールなんてものはない時代で、お互いにエアメールを送りあい、連絡を取っていたのです。

私にとって初めての1人での海外旅行は、私のモチベーションをさらに高めることになります。

韓国の大学生の英語のレベルの
高さに愕然とする

私の大学は韓国に姉妹校があり、そこから英文科の学生たちが来校したこともありました。

韓国の学生の英語の能力は私たちと

同じくらいのレベルだろうと想像していたのですが、彼らの英語力の予想以上の高さに愕然とすることになります。

　韓国の大学生たちも並々ならぬ情熱で英語を学んでいることを知り、改めて「もっともっと頑張らないと」と、大いに刺激を受けました。

　私の大学生活は、英語の勉強に明け暮れつつ、同時にいくつかの貴重な出会いを経験するという有意義なものでした。

　当時を振り返ってみると、それなりに話せていると思うこともありましたが、それは私が身の程知らずの愚か者で、日常会話が少しできるというレベルでしかありませんでした。

　そのことは、のちに社会に出て英語を使って仕事を始めて、すぐに思い知らされることになるのです。

Chapter ❹
リスニング

listening

実際の英会話は
教科書どおりには進まない

　英語ができないと悩んでいる知り合いに「話せない原因として思うことは？」と質問すると、「相手の言っていることが速すぎて、わからない」という答えが多く返ってきます。

　「Hello!」や「How are you?」程度であれば、発音はどうであれ、ひとまず話すことができるようですが、相手が流ちょうな英語でしかも猛烈なスピードで返答してきた瞬間、一気に凍りついてしまうそうです。

　学校で習う英語では、相手が「Hello!」とあいさつをしてくれたら「Hello!」と答え、「How are you?」と声をかけられた場合は、「I'm fine, thank you. And you?」と返事をすると教えられます。

　ところが、教わったことのないフレーズが返ってくると、何を言われたのか聞き取れず、答えに窮してしまうのです。

　このように、実際のコミュニケーションでは"教科書"どおりに会話が進むとは限らず、相手の出方によって臨機応変に会話を展開していく必要があります。

　これができるようになるためには、様々なパターンのあいさつのフレーズを覚えると同時に、リスニングの力を養

わなくてはなりません。相手が何を言っているのか聞き取れなければ、会話は長続きしません。

今も昔も変わらないリスニング力の向上方法

　私が身をもって経験し、現在も定期的に続けていることなので自信を持って断言しますが、リスニング力を伸ばすために近道なのは、とにかく一定の期間、集中的かつ継続的に何度も英語を聞くことです。

　難しいレベルである必要はありません。これなら聞き取れそう、または、ちょっとわからないところがあるなという程度の音源をじっくりと聞くことが有効です。つらい作業かもしれませんが、このプロセスをクリアすれば、自信と余裕を持って相手の話を理解することができ、受け答えもできるレベルに前進します。

　魔法のような方法を期待していた人にはがっかりかもしれませんが、リスニング力を向上させるのであれば、今も昔も「聞く」ことに勝るものはありません。

　聞けば聞くほど、耳は英語に慣れていきます。さらに言うと、ただ単に聞き流すだけでなく、音源の中で語られる1つの文章を細かく区切り、小分けにして、繰り返し聞き込んでいくことがポイントです。

　私は趣味でアイリッシュ・フィドル（バイオリン）を習っているので、アイリッシュ音楽に触れる機会が頻繁にあります。

アイリッシュ音楽は、基本構成がわずか32小節のシンプルな曲がほとんどです。

　それらの曲を練習する際には、32小節をただ漫然と弾くのではなく、1小節を3つか4つの音符のかたまりに小分けにし、その音を聞きながら、リズムやアクセントが体の細胞レベルに浸透するまで何度も繰り返して弾いていきます。

　1つのかたまりが演奏できるようになってから、ようやく次のかたまりに移り、1小節、2小節と伸ばしていくのです。

　英語のリスニングの学習も、それと同じように、長い文章や段落を一気に聞くのではなく、わからない箇所は特に集中して、意識的に繰り返して聞き込んでいきます。

　同じものを聞くことに飽きてしまい、すぐに次の素材に移りたいという衝動に駆られてしまう人もいるかもしれません。しかし、そこは何とか我慢をして、話されている英単語を1つ残らず聞き取れるようになるまで「聞き倒す」ことが大切です。

『英語耳［改訂・新CD版］ 発音ができるとリスニングができる』

松澤喜好著／アスキー・メディアワークス

リスニングの「バイエル」として基礎練習を徹底的に行うことができる教材。認識できる音の領域を広げるために、歌を200〜300回も繰り返す訓練法が紹介されています。

- -

LibriVox　https://librivox.org/

著作権の切れた作品の朗読が数多く収録されています。

- -

Business English Pod

https://www.businessenglishpod.com/

600のビジネスシーンのレッスン動画で、英語表現とビジネススキル、マナーを学ぶことができます。

- -

TED

https://www.ted.com/

様々な考えを持った世界中の人たちが、自分たちのアイデアをわかりやすく解説してくれます。英語を含む複数言語の字幕とスクリプトが付いているので、シャドーイングの練習にも活用できます。

- -

TEDICT LITE

TEDの無料アプリ版。英文と和訳が表示され、1文ずつのリピート再生も可能。TEDの動画サイトにはない、文単位で区切ったリピート・スロー再生ができる機能があります。

「英語のシャワー」では
リスニング力は伸びません

シャワーを浴びるように英語を聞き流していれば、自然と英語耳が作られると言う人がいますが、私はその考え方に否定的です。リスニングの基礎力がない状態でいくら聞いても、音が右から左に流れていくだけです。

そもそもシャワーを浴びる程度では十分ではありません。"英語の泥沼"の底までどっぷりと身を沈めるくらいの姿勢が必要なのです。

神経を集中してリスニングを続けていると、15分もすると頭がくらくらになり、かなり疲弊すると思います。仮にそうならなければ、まだ十分に聞いていない証拠です。

「ディクテーション」でリスニング力が劇的に向上

では、具体的に何をすればよいのでしょうか。

私がおすすめしているのが、「ディクテーション」です。

普段、英語を聞く際は、全体の意味を理解することに主眼を置きますが、ディクテーションは1つひとつの単語を漏らさず聞き取り、書き出すという、非日常的な行為です。しかし、これを行うと一語一句を聞き取る注意力が養われ、「意味理解の精度」が格段に上がります。

『ロサンゼルスタイムズ』の取材記者になる前の３年間、翻訳会社で働いていたことがあります。その会社では、時折、英語音源の文字起こし（ディクテーション）を任されました。

ヘッドホンから聞こえてくる音源に耳を傾け、英文を聞こえたとおりに書き起こしていくのですが、当然、一度聞いただけではわからない部分が出てきます。そうなると、音源を何度も巻き戻し、繰り返し聞かなくてはなりません。

正直なところ、文字起こしの仕事は手間もかかり、集中力も求められるので、かなりつらい作業でした。しかし、リスニング力を高めるという点では大きなプラスをもたらしてくれたと言えます。

レコメンドPCソフト＆アプリ

Okoshiyasu2

www12.plala.or.jp/mojo/

聞き取れなかった部分をスロースピードにしたり、キーボードをワンタッチするだけで巻き戻しができる PC ソフトです。

- -

PCM 録音

スマホで録音した音声データを編集し、PC やクラウド上に保存可能なアプリ。再生速度を5段階に変更、10 秒、60 秒のボタンを押して音声の早送り／巻き戻しができます。

コツコツと続けた先に、
大きな達成感が待っている

　一度やってみるとわかるように、そこそこのリスニング力がある人でも、一度や二度さらっと聞いた程度では完璧なディクテーションはできません。

　聞き分けづらい音の代表例が、「can」と「can't」です。「t」の音が弱くて聞き取りにくいので、ネイティブでも全体の文脈から判断して聞き分けていたりします。

　何度も何度も繰り返し聞いていくうちに、聞き取れなかった単語が徐々に聞き取れるようになるはずです。耳が英語に慣れてきた証ですので、ここで流れを止めずに、さらに集中して聞き取り、ディクテーションしていきます。

　もしも聞き取れない部分があれば、該当しそうな英単語を辞書で探してください。

　まずは3分ほどの英語音源を用意し、ディクテーションを始めてください。最初は音源を通して聞き、大まかな内容を把握します。次に1文聞いて書き起こし、終わったら次の文に進んでいきましょう。

　リスニング力にもよりますが、3分の音源をすべてディクテーションするとなると、かなり時間がかかるはずです。

その場合、一度にすべてを終わらせる必要はありません。ただし、毎日継続して行うようにしてください。コツコツ続けていくことで、次第に精度が上がっていきます。

　何度聞いてもわからない単語は、スペルを推測して英和辞典で調べてみましょう。もしくは、文脈から判断してどの単語が使われているのか見当をつけて、和英辞典で確認するとよいでしょう。

　繰り返し聞くことに加え、ディクテーションをするという作業がリスニング力を再強化してくれます。耳で聞くだけでなく、手を動かして書き出すことは非常に効果が高いので、パソコンを使うのではなく、ペンを持って紙に手書きでディクテーションしていってください。こうすることで、文法とスペルの確認も同時に行えます。

　ディクテーションをした後に答え合わせをするためにも、音源とスクリプトの両方がそろっている素材を探してみてください。ネットや書店で手軽に購入できる英語学習雑誌の『ENGLISH JOURNAL』や『CNN ENGLISH EXPRESS』では、ニュース番組や著名人のインタビューなどの音源と共に、実際のスクリプトが掲載されているので、これらを使ってディクテーションをするのもおすすめです。

　一語一句間違いなく書き取れるようになると、爽快な気分になり、何とも言えない達成感を味わえるでしょう。

英語落語を聞いてみよう

　リスニングのための音源としては、前項で紹介した英語学習雑誌の他に、超定番のNHKの基礎英語や、TOEIC、TOEFL、IELTSなどの対策教材があります。試験合格を目指す人は、過去問題集を徹底的に潰していくのも効果的です。市販の英会話教材にはCD付きのものがたくさんあるので、それらの中から興味のあるものを選んでもよいでしょう。

　すでに教材を持っている人は、新しく買う必要はないので、手持ちの教材のリスニングのパートをまずは使い倒します。教材としてしっかりと編集され、自分の興味とマッチしている音源であれば、楽しみながら聞くことができるはずです。

　意外なところでおすすめなのが「英語落語」です。ネイティブの噺家さんやネイティブ並みの流ちょうな英語で活動されている日本人の噺家さんもいます。

　私のお気に入りは、立川志の輔師匠のお弟子さんである立川志の春さんです。

　志の春さんは、アメリカの名門大学で学んだ異色の経歴を持つ噺家さんで、7年のアメリカ滞在歴があるので流ちょうな英語を話します。

もう１人は六代桂文枝のお弟子さんで、上方落語界初、戦後初の外国人（カナダ人）落語家桂三輝さんです。彼は精力的に YouTube でライブ配信もしています。

　落語の内容は日本人になじみがあり、ほとんどが登場人物の会話で構成されているのが魅力です。さらに、抑揚豊かでテンポよく展開され、何よりストーリーが面白く飽きさせません。英語教材として中学校の教科書でも取り入れられているほどなので、活用してみるとよいと思います。

レコメンド教材＆サイト

立川志の春
https://www.youtube.com/channel/UCaROWsReXkSJbb1qncPlhzA

- -

桂かい枝＆カナダ人落語家・桂福龍
【英語で笑って英語が身につく！】英語落語チャンネル
https://www.youtube.com/channel/
UCtVVVU5QK6PGDpMzWaFcrpA

- -

Katsura Sunshine・桂三輝
https://www.youtube.com/user/KatsuraSunshine

- -

『【音声 DL】桂三輝の英語落語』
桂三輝、松岡昇著／アルク

- -

『大人の粋 Adult Chic【日英対訳】』
立川談四楼著、デヴィッド・ローゼンフェルド訳／ IBC パブリッシング

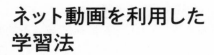

ネット動画を利用した学習法

　ネット環境が整った今は、24時間いつでも英語に触れることができます。学生時代、本場の英語に触れるために苦労した私にとって、現在の環境は申し分ないものに映ります。

　ネットを通じて英語に触れるのであれば、やはりYouTubeの活用は欠かせません。ここには、膨大な量の「生の英語」素材が眠っています。

　私がYouTubeでよく観るのは、仕事柄もあり、日本外国特派員協会のサイト（FCCJチャンネル）です。

　このサイトでは、各国政財界の要人をはじめ、研究者や活動家、トップアスリート、映画スターなどによる記者会見の様子が観られます。また、会見後に行われる記者たちとの質疑応答もアップされ、「時の人」による最新の話題やテーマを知ることができます。

　記者会見の場では、英語で話すゲストもいますが、日本語での会見の場合は、トップレベルの通訳者が逐次訳しているので、それを注意深く聞いていくと、英語表現の習得にとても参考になります。

　この他、自分の趣味に合わせて様々な動画を観ることで、

リスニングに役立てていくとよいでしょう。

イタリア料理を作るのが好きな人であれば、「Italian cooking」や「Italian food recipes」というキーワードを入れて検索をかければ、多くの料理の動画が見つかります。

これらの動画を観ることで、「dice the vegetables」(野菜をさいの目に切る)や「soak」(浸す)、「deseed」(種を取り除く)、「stir」(かき混ぜる)のような、料理に関連する単語やフレーズを覚えることができます。もちろん、料理そのものの作り方も学べるので、まさに一石二鳥です。「Italian」だけでなく、「Mexican」、「French」、「Indian」、「Chinese」、「Thai」と世界中の料理の作り方を英語で習うこともでき、かなり面白いと思います。

料理以外にも、旅行が好きなら「trip」や「travel」、「journey」、スポーツが好きなら、「soccer（football)」、「baseball」、「tennis」などのキーワードの前に＃(ハッシュタグ)をつけて検索すれば、それらのテーマに関する英語動画を無料でいくらでも観ることができるので、試してみてください。

レコメンドサイト

FCCJ Channel
https://www.youtube.com/user/FCCJchannel

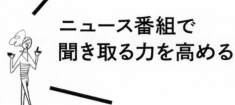

ニュース番組で
聞き取る力を高める

　リスニング力のレベルが上がってきたら、英語ニュース を聞いてみましょう。NHKの午後7時の『ニュース7』、 午後9時の『ニュースウオッチ9』がおすすめです。これ らのニュース番組は2カ国語で放送されていて、副音声に 設定すれば英語で聞くことができます。ネイティブのライ ターが英語で原稿を書き、それをネイティブの専属スタッ フが読み上げているので、上質な英語に触れられるよい機 会と言ってよいでしょう。

　NHKの2カ国語放送を聞く最大の利点は、内容の多く が日本で話題になっているニュースであり、仮にリスニン グ力が不足していても内容を理解しやすいという点にあり ます。

　一般常識と基礎知識に加え、映像を頼りに英語を聞くと、 「こんなことを言っているに違いない」という予測も立て やすくなります。これができれば、「まったくわからない」 という状況は避けられるはずです。最初のうちは、完璧に 理解する必要はありません。「何となくわかる」という感 覚で十分です。

　すでに述べたように、同じ素材を何度も聞くことが重要

なので、短く、関心のあるニュースを録画し、繰り返し再生して聞いてみましょう。

CNN10とBBCの学習者向けサイトは素晴らしい

　英語でニュースを聞くと言えば、アメリカのCNNやイギリスのBBCを連想するかもしれませんが、いきなりこれらのニュース番組に挑戦するのはハードルが少々高すぎるかもしれません。

　ただし、「CNN 10」という10分間の学生向けのプログラムと、「BBC LEARNING ENGLISH」という学習サイトでは、平易な英語で国際ニュースを伝えてくれます。

　これらのプログラムの素晴らしい点は、動画と共にスクリプトが用意されていることです。そのため、動画を観ながらディクテーションをし、最後に答え合わせをすることも簡単にできます。さらに、CNNのキャスターの男性の英語もわかりやすく、口も大きく動かして発音しているので、その動きをまねて発音の練習をすることも可能です。

　将来的には、CNNやBBCを聞いて国際情勢を理解するのが理想ですが、まずはNHKの2カ国語放送やCNN10から始めて、力を蓄えていくとよいと思います。

　ある程度、聞き取れるようになり、「聞き取れなかった部分の英単語を調べよう」という意識が生まれたら、すぐに調べてみてください。粘り強く突き詰めていく姿勢が、リスニング力を伸ばすのです。

オーディオブックも活用の価値あり!

　オーディオブックを使う学習方法もあります。興味のあるジャンルのオーディオブックを購入し、それを聞きながら実際の英文を原著で確認していくのです。

　私がおすすめするのは、アップル社の創業者である故スティーブ・ジョブズ氏の伝記です。彼の生涯をコンパクトにまとめたCD付きの本では、目と耳の両方でジョブズ氏の人生観について触れることができます。

　ジョブズ氏が残した言葉は、シンプルな表現の格言が豊富なので、それらの言い回しを参考にすれば英語表現を豊かにでき、さらには気持ちも前向きになることでしょう。

　アマゾンプライム会員であれば、Kindleで洋書を読み放題で利用することもできます。

レコメンドサイト

CNN 10　https://edition.cnn.com/cnn10

- -

BBC LEARNING ENGLISH
https://www.bbc.co.uk/learningenglish/english/course/newsreview

- -

NHK ラジオ ニュースで英語術
https://www.nhk.or.jp/radio/ondemand/detail.html?p=4812_01
https://www.nhk.or.jp/gogaku/news/

トップ会議通訳者高松珠子氏による1回5分の時事英語ニュースの解説です。一文を細かく切って聞きながら理解できます。日英両語のスクリプトあり。らじるらじるのサイト、アプリでも聞けます。

大人のほうがリスニング力を
つけやすい理由

　英語学習者の中には、ある程度の年齢に達してしまったら、リスニング力を伸ばすのは難しいと感じている人もいるかもしれません。確かに、学生のころとは違って英語漬けになる時間もないでしょうし、日本語環境の中で過ごしてきたがゆえに、その殻を破るのは容易ではないかもしれません。

　こんなふうに考え始めると、「やっぱり歳を取ると、リスニング力は伸びない！」という結論に行き着いてしまいそうになりますが、実はいいこともあるのです。

　その「いいこと」とは何でしょうか？
　それは「経験」という引き出しです。
　人は誰でも歳を重ねていくうちに、様々な経験を重ねていきます。このプロセスは、外国語でコミュニケーションを行う際に非常に大きなアドバンテージとなるのです。
　例えば、ネイティブによる早口の英語が聞き取れなかったとしましょう。こうしたケースでも、なじみのある分野や実際に経験したことのある事柄がテーマであれば、内容を推測しつつ理解をする足掛かりを築くことができます。語られている内容についてある程度理解できていれば、後

は聞き取れなかった英単語やフレーズを確認すれば、英語が耳に入りやすくなるでしょう。

一方、中学生や高校生の場合、こうはうまくいきません。型どおりのあいさつの仕方や、簡単な会話については大人よりも速いスピードで習得できるかもしれませんが、より深い知識を求められる会話では、内容を理解するのは難しいはずです。

学生とは違って、大人の場合は相対的な知識の量が圧倒的に多いため、断片的にしか聞こえない単語からでもヒントを得て、「おそらく、あのことについて言っているんだろうな」と guess（推測）できる余裕を持てるのです。

大人の話者には、こうしたアドバンテージがあることを意識しながら、少しでも多くの単語やフレーズを聞き取れるように心がけましょう。

実際のリスニングでは、ネイティブでも一語一句を完璧に聞いているのではありません。日本語でも、無意識のうちに「てにをは」の部分を落として聞いているのと同様です。

改めて強調しますが、テーマが何であるのか押さえることができれば、話の要点はつかめます。最初は、そのレベルでよしとし、徐々に細かい点まで聞き取れるようリスニングの訓練を続けていくようにしてください。

わからなければ、何度でも聞き返す

　『ニューヨークタイムズ』はアメリカの新聞なので、支局長をはじめ、着任する特派員のほとんどはアメリカ人、もしくはカナダ人です。ロサンゼルスタイムズ社に勤めていたときも、ボスはアメリカ人とカナダ人でした。

　そんな彼らの英語を聞いていつも思っていたのは、「とにかく早口！」ということです。ロサンゼルスタイムズ社に勤め始めた当時は、彼らの機関銃のような早口の英語についていくのが本当に大変でした。頭の中で単語の意味を咀嚼している間に、次から次へと新たな単語が飛んでくる感じだったのです。

　新米社員当時、上司の電話番も私の仕事の１つでした。受話器を取ったのはいいのですが、早口で相手の名前を聞き取れず、「どなたかわからないのですが、電話です」と取り次ぐこともありました。

　ところが、そんなことをすると、「一体誰からなの？ 締め切り前で忙しいんだから！」「名前が聞き取れなければ、『Would you spell out your name, please?（お名前のスペルを教えてください）』と何度でも聞きなさい！」と、怒られるのがオチでした。

　上司の言うことはまさに正論で、コミュニケーションの実践場面では、恥ずかしがったり、遠慮する必要はありません。「Would you please speak more slowly?（ゆっくりと話してください）」とお願いすればいいのです。

何度も繰り返し聞けば絶対に聞き取れる

ロサンゼルスタイムズの東京支局が閉局された後、一時的にJICA（ジャイカ）で働き始めると、今度はアジア、アフリカ、中南米などから視察のために来日する各国政府関係者の英語に接する機会が増え、訛（なま）りのある非ネイティブ英語の洗礼を受けました。

そこで実感したのは、人間の聴覚が持つ潜在能力は非常に優れているということでした。

どんなに強い訛りのある英語でも、毎日聞いているとそれがいつしか当たり前になり、しっかりと聞き取れるようになるのです。

さらに、お互いにコミュニケーションを重ねることで、相手がどういった話し方をする人なのか、何を言いそうなのかが予測可能になり、耳のチューニングがうまい具合に合ってきます。

英語を聞き取れるようになるには、それなりの時間を要します。肝心なことは、途中であきらめず、内容が把握できるまで辛抱強く繰り返し聞くトレーニングを積むことです。これができれば、必ず相手の言っていることが聞き取れるようになるでしょう。

リスニング力を上げるために助けとなるもの

　リスニングをしていて特に聞き分けるのが難しいのが、時制や複数形など語末の細かい部分です。

　例えば、「I spent the whole day reading.」という表現の場合、過去形の「spent」なのか、それとも現在形の「spend」なのか、瞬時に聞き取れないことがあります。

　こうした場合、リスニングの助けとなるのが文脈を読むことです。「I spend/t the whole day reading.」だけでは、確かに現在形なのか、過去形なのか判断が付きませんが、センテンスの最後に「yesterday」という単語が付いてくれば、その時点で過去形であることがおのずと判明します。

　冠詞も聞き分けるのに苦労します。非ネイティブがとっさに「a (an)」「the」を聞き分けるのは至難の業です。名詞に複数形の「s (es)」が付いているかどうかも注意して聞き分けなくてはいけません。

　また、センテンスの中で前置詞や不定詞が出てきたら注意を払うようにしてください。

　「I am going to」で始まるセンテンスの場合、to不定詞の後には必ず動詞の原形が置かれるので、心して聞いてい

くのです。

「She looks forward to」という出だしであれば、「to」
は前置詞なので、その後に続くのは名詞か動名詞（〜 ing）
であることが事前に予測できるはずです。

このように、文脈を読んだり、グラマーの知識を駆使し
てリスニングの補強をする作業は、ネイティブの人たちも
無意識のうちに行っています。英語ネイティブだけでなく、
日本語ネイティブの私たちも、日本語での日常会話の際に
行っているのです。

リスニング力を伸ばしていくには、耳から入ってくる情
報だけでなく、文脈の読み取りやグラマーの知識が大きな
助けになることを覚えておきましょう。グラマーの学習法
については、後の章で詳しく説明していきます。

「英語」に関わる仕事に
就くと決心

　英語の勉強に明け暮れ、四国の大学を卒業した後も、私はそのまま大学に残り、英文科の研究事務室助手として働き始めました。

　助手の具体的な仕事内容は、教授陣の事務作業のアシストです。仕事自体は地味なものでしたが、英文科の教授や講師らと頻繁に話ができるので、それが刺激になって充実した日々を過ごすことになります。

　ところが、雇用規約で助手の契約が３年だったことから、新たな就職先を見つける必要が生じました。

　仕事に関して私が決めていたことはたった１つ。

　「英語に関わる仕事に就く」

　これが私の決めた「鉄のルール」でした。

　とはいえ、地元の岡山や大学のある香川には、英語を使えるような仕事はなかなかありません。そこで私は、思い切って上京することにしたのです。

雑誌社と翻訳会社での"下積み"時代

　東京に引っ越してきて初めて勤めたのは、『ひらがなタイムズ』という日本語学習者のためのバイリンガル雑誌を刊行

する小さな雑誌社でした。

　ここではわずか半年しか働きませんでしたが、英語に関して見識の深い先輩社員たちの体験談はとても楽しく、彼らとはいまだに親交が続いているほどです。

　次に勤めたのは翻訳会社でした。25歳のときです。

　その翻訳会社は、いわゆる「老舗」と言ってよいところで、日本語が非常に堪能なアメリカ人が社長を務めていました。

　会社の主なクライアントは、日本IBM、トヨタ自動車、日本コカ・コーラといったグローバル企業で、私は日本コカ・コーラの担当コーディネーターとして配属されます。

　そこであるプロジェクトに関わることになった私は、毎朝、渋谷にある日本コカ・コーラの本社に通い始めました。

　渋谷の本社地下にはメールルームがあり、朝日、読売、毎日、産経、日経の5大紙をはじめ、ウォール・ストリート・ジャーナル、フィナンシャル・タイムズ、ジャパン・タイムズ、デイリー・ヨミウリ（現ジャパン・ニューズ）、日本食糧新聞などの複数の業界紙が届きます。

　私の仕事は、それらの新聞のすべてに目を通し、コカ・コーラに関する記事、および日本の飲料事業に関する記事をクリッピングすることでした。さらに、それらを広報部の担当者に報告し、翻訳記事の受注もしなくてはなりません。

　毎朝、新聞のページをめくっていた私の指先は、クリッピングが終わるころにはインクで真っ黒になっていました。

コカ・コーラの広報部の担当者から翻訳依頼を受けると、自社が契約している在宅翻訳者に記事英訳、もしくは英語サマリーの作成を発注する作業が続きます。

　サマリーを発注する際には、翻訳してほしい部分に赤線を引いて指示をしなくてはいけないので、しっかりと記事を読み込まなくてはなりません。

　このように、私の業務は翻訳ではありませんでしたが、自分でも訳せそうな記事があれば、時々和訳を任せてもらうこともありました。

　翻訳が仕上がると、今度は社内でチェッカーが目を通し、間違いや誤字脱字がないかを確認していきます。さらに、ネイティブエディターによる校閲を入れ、納品となります。

　私自身も原文と照らし合わせて間違いがないか確認していたので、翻訳をする際に間違いやすい点や用語を学ぶことができ、非常にいい勉強になったと思います。

　この仕事は英語力を身に付けるには非常に適していたのですが、問題は忙しすぎるということでした。働きすぎがたたり、人生初の入院も体験することになります。

迷わない
英語勉強法
30分サーキット
トレーニング 編

皆さんは、1日どれくらいの時間を英語の勉強に充てることができるでしょうか?

私は、どんな多忙な人でも1日30分は英語学習に費やしてほしいと考えています。経験上、断言できるのですが、集中的に週1回3時間勉強するより、毎日30分学習するほうが効果的です。では1日30分確保できたとして、どんな学習法を採用すればいいのでしょうか?

私は筋トレなどで一般的な「サーキットトレーニング」をおすすめします。私が考える効果の高い英語勉強法のトップ3を含めて、考えてみました。

順番	内容	効果	所要時間	本書の解説ページ
1	「50英文」の音読	スピーキング力とリーディング力の向上	5分	60ページ
2	シャドーイング	スピーキング力とリスニング力の向上	10分	86ページ
3	ディクテーション	リスニング力とライティング力の向上	15分	122ページ

これらをインターバルなしで、30分間でやり通すのです。

30分なら1セットしかできないと思いますが、もし毎日1時間の時間が取れるようなら、2セット行うなど、セット数を増やしていきましょう。

ポイントは、この30分は一切他のことを考えず、集中して一気にメニューをこなすことです。そして日課にしてしまうこと。とても効果がある方法ですので、ぜひチャレンジしてみてください。

Chapter **5**

リーディング

reading

リーディング力を高める「4つの方法」

　英字新聞を読んだり、洋書をスラスラと読んだりしたいと思い、大人になってから改めて英語の勉強を始めた人もいるのではないでしょうか。その気持ちはよくわかります。

　リーディングの最終目標は、短い時間でできるだけ多くの文章が読めるようになること。

　英語が読めれば、アクセスできる情報が格段に増加します。特に、インターネットで検索できる範囲も大きく広がります。

　リーディング力を高めるには、乱読、多読、精読、速読の4つを織り交ぜて日々の読書量を増やす努力が欠かせません。

　これらを大雑把に区別すると、海外旅行で使える英語力を習得したいと思っている人は、乱読、多読に力を入れるとよいでしょう。TOEIC や TOEFL で高得点を狙っている人や、ビジネスの現場で英文メールの読み書きのレベルを上げたいという人は、精読と速読にもじっくりと時間をかけるようにしてください。

　実際に、これら4つのリーディング法について1つずつ具体的に説明していきます。

目に入ってきたすべての英語を読み尽くそう

　乱読とは、ジャンルを問わず、とにかく手当たり次第に英語を読むことです。乱読は、"英語アレルギー"を克服し、英語に慣れていくための手段としても有効です。目に入ってきた英語はすべて読み尽くすくらいの意気込みを持つようにしてください。

　私自身、目についた英語はついつい読んでしまうのが癖になっていて、道路標識や看板などの「おもしろ英語標記」を発見したりすることもよくあります。

　ウィキペディアで何かを調べたら、英語版もチェックしてみてください。先に日本語で知識を入れておけば、英語版を理解するのにそれほど手間取らないはずです。

　輸入食品を購入した場合には、商品についているラベルを読んでみます。英語で書かれた商品説明や調理方法を読むこともリーディング力のアップに役立ちますし、実物が手元にあるため書かれていることも理解しやすいという利点があります。

　英字新聞を教材にしながらリーディング力を高めていきたいのであれば、興味のある記事を見つけて、斜め読みをしていくとよいでしょう。

　乱読する機会はまだまだ至るところに存在します。

　海外に行ったときは、標識やポスターに書かれている英語を片っ端から読んでみてください。生きた英語表現は貴

重な教材ですし、カラフルなデザインを楽しむこともできます。撮影してコレクションにすれば、旅の思い出と相まって覚えやすいでしょう。

英英辞典を読んでみるのもおすすめです。特に『Longman Dictionary of Contemporary English』は、入門レベルの定番として知られています。収録されている例文は中学生、高校生レベルの簡単な単語(2,000語レベル)で表現されています。私は、ロングマンを枕元に置き、なんとなく頭に浮かんだ単語をいつでも調べられるようにしていました。

同辞典は無料サイト、有料アプリ版もあるので、紙の辞典と共に活用してください。

ベストセラーなら挫折せずにたくさん読める

次に多読です。簡単な内容のものでいいので、とにかくたくさん読むことを目標とします。多読は、ボキャブラリーを飛躍的に増やしてくれるでしょう。

大学時代の英文講読のクラスでの話です。先生が大量に英語の絵本や短編小説を持ってきて、1週間で2冊読み続けるという課題を出されたことがありました。私はこれを継続して、読む癖をつけていったのです。

一度英語を読む癖がついてしまえば、その後はエッセイから新聞のコラムまで抵抗感なく読む習慣がついてきます。

これらを読みこなせるようになったら、次はストーリー性のある小説にもチャレンジしてみましょう。**多読に適しているのは、何と言っても小説です。**

　ただし、最初から長編小説となるとハードルが高いので、短編小説から始め、慣れた段階でベストセラーのシリーズものを選ぶと挫折せずに続けられると思います。

　ベストセラーのシリーズものと言えば、やはり『Harry Potter』が有名でしょうか。子どもに人気のファンタジー小説ですが、大人が読んでも十分に面白いので入り口としてよいかもしれません。

　その他、村上春樹、東野圭吾の英語版作品もおすすめします。村上作品は外国でも人気ですから、英語版を入手するのは簡単です。東野作品は、スピード感のあるストーリー展開が楽しめ、1つの文章も短いので読みやすいと思います。

　読む量が増えれば増えるほど、それに比例してリーディング力は上がり、ボキャブラリーも増加します。多読を続ければこの変化は必ず現れるので、迷わずに地道な努力を積み重ねましょう。

　多読をする際に重要なのは、わからない単語が出てきてもいちいち調べないことです。何となくでもよいので全体の内容が追えていれば、勢いを止めずにどんどん読み進め

ていきます。

　手を止めて調べていいのは、その単語がわからないとどうしても内容が理解できない場合や、キーワードとして頻出するときです。

　調べるべきか、そのままにしておくべきかで迷うケースはよくあることです。私も同じような経験をよくしますが、今でも覚えているのは大学時代の経験です。

　ロンドンの女性が主人公の小説を読んでいて、その中に「shrug」という単語が何度も出てきました。最初のうちは、調べずにそのままにしていたのですが、さすがに何度も出てくるので調べてみると、「肩をすくめる」という意味だとわかりました。

　意味が判明してからは、より正確に主人公の心情を理解しながら読むことができ、すっきりとしたのを今でもよく覚えています。

　こういうケースでは辞書で調べてもいいですが、それ以外の場合は読み飛ばしていきましょう。

Modern Love

https://www.nytimes.com/column/modern-love

『ニューヨークタイムズ』で 16 年間続く連載コラム。世界中の読者から寄せられた「愛」にまつわる実話は、悲喜こもごもの人間関係が描かれている。書籍、アニメ、ポッドキャスト、ドラマになるほどの人気コラム。読んで、聞いて、観て楽しめる。

- -

日本人作家の多くの作品が英訳されています。小説を読む場合、わからない英単語をすぐに辞書機能で調べられる Kindle が便利です。オーディオ機能が追加されている作品は、音読のお手本としても活用できます。日本人作家の作品の中でも会話文が多く含まれるものやマンガも英語学習の教材としておすすめです。

『The Miracles of the Namiya General Store』
原題『ナミヤ雑貨店の奇跡』

東野圭吾著／ Yen On

- -

『Breasts and Eggs』
原題『乳と卵』

川上未映子著／ Europa Editions

- -

『ONE PIECE』

尾田栄一郎著／ SHUEISHA

英字新聞の第1段落には、必ず要点が隠されている!?

　多読の観点からすると、必ずしも読み始めた本を読み終える必要はありません。それよりも色々なジャンルのものを大量に読むことに重点を置いてください。

　本を読むのが難しすぎる場合は、インタビュー記事を読んでみるとよいでしょう。自分の好きなスター、ミュージシャン、スポーツ選手の名前で検索すると、高い確率でインタビューの記事が見つかるはずです。

　新聞記事は、小説などと違って簡潔に書かれているので多読に適しています。

　手始めに、ヘッドライン（見出し）だけでもよいので読んでみましょう。

　新聞社には、この1文を書くだけの専門のエディターがいるほど、ヘッドラインには力を入れています。練りに練った見出しを読むことで、何に関する記事かが一瞬でわかります。

　欲を言うなら、記事の第1段落と最後の段落もあわせて読むことをおすすめします。

　その理由は、新聞の場合、最初の段落にほぼすべての

要点が込められていることが多いからです。「実践英会話」
の章でも述べますが、英語は結論から先に入っていくパ
ターンが一般的なのです。

また、記事の冒頭に置かれる文章は「リード」と呼ばれ、
記者やデスクはこの部分の文章をどう書くかに相当な労力
を費やします。

「リード」にここまで注力するのは、読者の関心を引く
ためです。したがって、この部分はドラマチックな書き出
しになっていることが多々あります。

それだけに、この「リード」部分だけを集中的に読んで
いくと、記事に対する記者の熱意を感じ取ることができる
はずです。

最後の段落も重要です。特にラストの1文は「パンチラ
イン」といい、全体のオチ、決め台詞で締めくくられてい
ます。

英語論文を読む必要がある人もいると思います。英語
論文の構成には新聞記事と共通した部分があり、最初に
「abstract」（要約）、最後に「conclusion」（結論）とい
う形で簡潔にまとめられています。そこを読むだけでも論
点を大まかに理解することができます。時間が限られてい
る場合などには、その2箇所だけを読むとよいでしょう。

「スラッシュ読み」が
速読を可能にする

次は精読です。

精読によって、書かれていることをじっくりと読み込み、内容を理解することに焦点を当てます。

精読をする際には、乱読や多読とは違い、意味をしっかりと理解しながらじっくりと読んでいきます。赤ペンを用意し、重要な箇所があれば印を付けながら読み進めてください。

精読の場合、わからない単語が出てきたら調べてもかまいません。その際には、ある程度区切りのよいところまで読み進め、その後、まとめて調べたほうが効率的です。

長い文章の構文が理解できなければ、どういう構造になっているのか、ペンで区切りを書き加え、ゆっくりと後から訳しながら読み込んでいきます。要するに、受験勉強の長文読解をするつもりで、論理を追って、関係節や修飾句のつながりを丁寧に分析しながら読んでいくのです。

速読を可能にする後戻りしないスラッシュ読み

乱読、多読、精読に慣れてきたら、次は速読にもチャレンジしてみてください。

速読をする際のコツは、１単語ずつ目で追っていくのではなく、複数の単語をひとかたまりとして区切って読み進めることです。

　実はこの方法は、通訳をするときによく使われているものです。例えば、大きな会議で基調演説が行われる場合などは、事前にスピーチの原稿が通訳者に配られることがあります。このとき、通訳者は原稿を見ながら、すばやく意味が切れる箇所でスラッシュを入れていくのです。

　例として、誰でも知っている昔話を実際に「スラッシュ読み」してみましょう。

　前から順に意味のかたまりを理解していくのですが、区切れごとに、幼い子どもが話すように「〜ね」を入れます。「昔々あるところにね」とすると、理解しやすくなるはずです。

Once upon a time in a place far away,/ there lived an elderly, childless couple.//

One day,/ the old man went into the mountains/ to collect firewood// and his wife went down to the river/ to do the laundry.//

While washing the clothes,/ she saw a giant peach/ floating in the river.//　The old woman had never seen such a big peach.//　She picked it up/ and brought it home/ to share with her husband.//

The old man/ returned in the afternoon.//　His wife/ showed him the peach,/ "Look what I found in the river,/ a beautiful peach."// He was amazed and happy/ to see such a large peach,/ and said,/ "Let's have it now."//

But at the very moment/ the couple tried to cut the peach/ in half with a large knife,/ the peach split into two// and a beautiful baby boy/ sprang from it.// They were overjoyed/ to have a child/ and decided to call him "Momotaro"// and raised him/ with warm, loving care.//

昔々あるところに、子どものいない老夫婦が住んでいました。

ある日、おじいさんは山へ柴刈りに、おばあさんは川へ洗濯に行きました。

おばあさんが洗濯をしていると、川を大きな桃が流れているのを見つけました。おばあさんは、そんな大きな桃を見るのは初めてです。川から桃を拾い上げ、家に持ち帰り、おじいさんと一緒に食べようと思いました。

午後になっておじいさんが戻ってきました。おばあさんは、おじいさんに桃を見せました。「川でこんなものを見つけましたよ、きれいな桃！」おじいさんは、大きな桃を見て驚き、喜び、「さっそく食べよう！」と言いました。

夫婦が桃を大きな包丁で半分に切ろうとしたその瞬間、桃が真っ二つに割れ、美しい男の赤ちゃんが飛び出してきました。ふたりは、子どもを授かったことに大喜びし、その子を桃太郎と名づけ、温かい愛情を注いで育てました。

このように「意味のかたまり」ごとに頭から読んでいく癖をつけると、日本語と英語の語順の違いを補うために、

後ろから訳し返すという作業工程を省くことができます。つまり、「スラッシュ読み」を使うことによって、文章の頭から意味を理解する「英語脳」に切り替わり、読むスピードがどんどん上がっていくのです。

これに加え、より内容を明確に理解するために、キーワードとなる主語、動詞など、大切な部分を丸で囲ったり、下線を入れていくとよいでしょう。

速読は、留学を考えている人や、仕事などで短時間に大量の英語の資料を読まなくてはならない人には有益です。すべての人がやる必要はないと思いますが、速読ができれば多読も容易になるので挑戦してみてもよいでしょう。

リーディング力の向上がもたらすメリット

リーディングとリスニングは、ともにインプットですが、リスニングよりもリーディングのほうが、時間的余裕を持って、より密度の濃い情報を取り込むことができる技能と言えます。

例えば、同じ情報を音声だけを聞いて理解するのと、適度なペースで読んで理解するのとでは、後者の理解度のほうがより高いでしょう。

リーディングは、時間が許す限り何度も読み返すことができ、また重要なキーワードを視覚的に確認できることからも、全体の情報をしっかりと把握することに適しています。

同じニュースを例にとってみると、テレビやラジオの
ニュースを音声で聞くのと、新聞記事を読むのとでは、「見
える化」された文字情報を吸収するほうがより長期間にわ
たって正確に記憶できるのではないでしょうか。

　また、文献による情報量のほうが音声や画像情報よりも
圧倒的に多いため、リーディングの速度が向上すれば、そ
れだけ多くの情報に触れられるという利点もあります。

　ここで紹介したように、リーディングのメリットは非常
に大きいものです。それらの恩恵を十分受けられるように、
読む量を増やして力をつけていってください。

Chapter 6
実践英会話

conversation

相手をイライラさせる
日本人のロジック

　英語が日本語と決定的に違うのは、結論を先に言うことです。ここをしっかりと押さえておかないと、相手をイラつかせてしまう危険性があります。

　典型的な悪い例として、こんなケースが考えられます。

　海外投資家が日本の企業を訪れ、「今期の業績はどうなっていますか？」と尋ねたとします。

　これに対して、日本企業側は次のような返事をしてしまいがちです。

　「実はですね、今年は暖冬でして、売り上げが思ったより伸びませんで……。しかも例年は雪が降り始めると売れ行きが上がるのですが、今年はどうも……」

　こうした対応をすると、相手は間違いなくイライラします。英語での会話では、最初に結論をはっきり言うことが求められるのです。

　つまり、相手をイラつかせないためには、「今期は20％の減収の見込みです」と結論を伝え、その後に「because〜」と、説明を加える展開にしなくてはいけません。

あなたの話には「フラッグ」が立っていますか？

　日本語式にだらだらと前置き説明を続ける話し方は、結

論を先に聞きたい英語話者にとっては、話の展開、結論がどちらに向かうのかわからなくなり非常に不安に感じるのです。

　私自身、このことを十分に理解しているつもりなのですが、気を許すと、日本語の呪縛にかかってしまうことがあります。

　日本人の取材相手の発言をネイティブの特派員に通訳する場合がいい例です。日本語の発言を「再編集」することなく頭から訳し始めると、結論が出てくるまで待ち切れない特派員が私の通訳を遮って、「Hisako, so what's the point?」（久子、だから要点は何なの？）と、聞いてきます。もしくは、結論を聞く前に自分で内容を推測（たいていの場合、間違った推測をしていることが多い）し、焦点がずれたコメントをしてきたりするのです（ジャーナリストは特にせっかちな気質の人が多い……）。

　こうした事態を避けるには、会話の頭にフラッグ（旗印）を立てる必要があります。

　話の冒頭で結論から先にはっきりと述べた上で、「There are three reasons.」「Firstly, 〜 .」「Secondly, 〜 .」「Lastly, 〜 .」（理由は３つです。第一に〜。第二に〜。最後に〜。）と説明を付け加えていくのです。

　日本語の会話のように、結論を後回しにしたとりとめのない話し方は厳禁です。英語での会話では、常に結論から先に述べる癖をつけておかなくてはなりません。

日本にいながらにして
英会話力を鍛える方法

　ひととおりの基礎力を身に付けた後は、学習の成果をアウトプットし、実力を試す必要があります。

　日本人の多くは、文法や発音を完璧にしないと話せないという妙な固定観念を抱きがちですが、こうした意識はすぐに捨て去るべきです。

　仮に仕事で外国に行くとなれば、こうした言い訳は通用せず、待ったなしの状況に追い込まれることでしょう。間違ってもよいので、とにかく話すことが上達への近道であると自分に言い聞かせてください。

　コロナウイルス禍の前までは、訪日外国人の数は増え続けていました。コロナの問題が収束すれば、再び多くの外国人が日本にやってくるはずです。そんな彼らに話しかけるのも、恰好の実践トレーニングになります。

　海外旅行先で、現地の人に道を尋ねると、親切に教えてくれたりするものです。それと同じことを自分が日本で行えばいいのです。

　私自身、海外旅行先で親切な人に助けてもらったことが何度もあるので、困っている様子の外国人を見かけると率先して声をかけるようにしています。フレーズは、「May

I help you?」（お手伝いしましょうか。）「Do you need help?」（助けが必要ですか。）で十分です。

中には、「通じなかったら、どうしよう」と不安になる人がいるかもしれません。しかし、心配には及びません。旅行者の場合は、「〜へ行きたい」とか「〜を探している」というパターンが多いので、それほど高度な英会話は求められません。

英語でうまく説明できなければ、途中まで案内してあげてもよいでしょう。その道すがら、「Where are you from?」（ご出身は？）や「Where have you been in Japan so far?」（これまで日本のどちらに行きましたか？）などと話しかけ、つかの間の英会話を楽しんでみるのです。

そのような環境が身近にない、または、どうしても恥ずかしくてできないという人は、部屋の中で独り言を言うだけでもかまいません。その場合には、実際の会話を想像しながら大きな声を出して練習してください。

英語のスピーチがうまい日本人

「発音」の章で述べたように、英語はある一定のリズムやメロディーに音が乗っています。日本語のリズムはあまり抑揚がなく単調ですが、英語には独特なアクセントがあり、それが波打つように響くのです。

このリズムと抑揚がとても上手な日本の著名人がいま

す。正確に言うと、すでにお亡くなりになっているので、上手だったと言うべきかもしれません。

　その人物とは、ソニーの創業者である盛田昭夫さんです。盛田さんの英語は、発音自体はいわゆる日本人独特のものでしたが、「相手に伝わる英語」の代表例としてよく言及されていました。

　盛田さんの英語を聞いてみると、決して難しい単語を使っているわけではなく、複雑な構文を駆使しているわけでもありません。しかし、言いたいことをきっちりとまとめ、正しい英語のリズムで流ちょうに語っているため、盛田さんの英語のスピーチは外国人からもわかりやすいと評価されていたのです。

　スピーキングだけでなく、リスニングを鍛える際にも言えることですが、この英語特有のリズムと抑揚を意識しながら練習してください。最初はスローテンポでもいいので、英語独特のリズムと抑揚を意識して音読やシャドーイングを行うと、次第に英語の「ノリ」がわかってきます。

　ただし、当然のことですが、一度や二度行っただけでは、うまくできません。何度も英語を聞くことで、ようやく英語のリズムとメロディーが身に付いてくるのです。

　シャドーイングがうまくできない人は、抑揚や全体の滑らかさだけに集中して、聞いたリズムをそのままハミングすることから始めてもかまいません。

　例えば、「The weather is beautiful today.」なら、「ラ・

ラララー・ラ・ラーララ・ラ」という要領で、流れを重視するとよいでしょう。音楽を聴くような気持ちで、メロディーとリズムを聞き、声に出すように心がけてください。

肝心なのは「落ち着いて」話すこと

　若い世代では、プロテニスプレーヤーの錦織圭さんはとても流ちょうな英語を話します。彼の場合、子どものころから世界を目指すためには英語が必要との考えで、地元島根県で英会話を学んだそうです。それに加え、中学生のころから世界でプレーをしているため、実践で学んだ英語が身に付いています。

　メジャーリーガーのダルビッシュ有さんの英語も、堂々と落ち着いて話しているので、とても聞き取りやすい英語です。

　もう1つ付け加えたいのは、英語を話すときの声のトーンについて。特に女性は甲高い声になりがちなので注意が必要です。ヒラリー・クリントンさん、ミシェル・オバマさん、キャロライン・ケネディさんらのスピーチを聞くとわかりますが、英語を話すときは低めのトーンで発声すると聞きやすくなり、また、そうすることで大人の女性の話し方という印象を与えることができます。

あなたの「執着心」が英会話力を向上させる

　外国の人と話す機会があっても、思ったことの1割も話すことができなかったという話をよく聞きます。

　こういう経験をした人は、話せなかった話題や話したかったことを振り返り、英語でどう言えばよかったのか、すぐに復習するとよいでしょう。これを怠らず繰り返し、表現のストックを増やしてリベンジの機会に備えておくのです。

　話したいと思ってもなかなか話せるようにならない人との差は、おそらくここに出てくるのではないでしょうか。話せるようになるには、相当の執着心が必要なのです。

　「ああ言えたらよかったのに」「悔しい」と感じたら、その気持ちを忘れてはいけません。その思いを糧にして、話したかった内容をすぐにメモし、帰宅後に英文を練り上げてください。

　準備を整えたら、次の機会を虎視眈々と狙い、実際にチャンスが到来したら、用意しておいたフレーズを使ってみましょう。自分の英語が通じることを実体験できれば、さらにやる気は高まります。

　大切なのは、日本語を英語に言い換える習慣をつけておくことです。英語で夢を見て寝言を言うくらい英語漬けになってみてください。

誰もがぶつかる
英語の厚い壁とは？

　外国人と英語で話す機会が増えてくると、徐々に"場慣れ"してくるので、話しかけることは難しいことではなくなってくるでしょう。

　ところが、誰もがここで壁にぶつかります。確かに話しかけてはいるのですが、自分が発する英語が何かを尋ねるパターンばかりであることに気が付くのです。

How was your weekend?　（週末はどうでしたか？）
How did you like that place?　（あの場所、いかがでしたか？）
How long are you staying?　（どのくらい滞在しますか？）

　英会話が多少できるようになったとはいえ、このように質問するばかりになってしまう……。一見、会話をしているように感じるかもしれませんが、これでは実際のコミュニケーションができているとは言えません。

　疑問文ばかりの会話だと、相手から「イエス」か「ノー」の返事を聞くだけで、すぐに会話が終わってしまう場合もあるでしょう。

こうした傾向にいち早く気付き、言葉を交互に交わしながら会話のキャッチボールができる状態を目指しましょう。

話題提供型の会話ができるようになろう

　疑問文ばかりの英会話から脱するには、どうすればいいのでしょうか。目標にしたい会話として代表的なのが話題提供型の会話です。自分が詳しいテーマや、相手が知りたい、話したいだろうなと思う話題を切り出していきます。

　例えば、双方がサッカー好きであれば、

Did you watch the final match last night?
（昨日の最終戦、観た？）
と質問した後に、

I thought Minamino played quite well but he was replaced in the second half, which was too bad.
（南野はけっこう頑張ったと思うけど、後半交代させられたのは残念だった。）

という言葉を続け、自分の意見や感想を織り交ぜて話が続くようにします。これをするには、「I think（thought）」で始まるフレーズを使えるようになることです。その前段として、質問を投げかけるのはかまいません。

　少しくだけた会話の場合は、「Listen」や「You know

what」、「Guess what」（「ところでさあ」「それでね」に相当）というフレーズを初めに投げかけて相手の注意を引き付け、自分の考えを相手に伝えるようにしてください。

　話題提供型や主張型の会話ができるようになったら、かなりのレベルに達したと考えてよいでしょう。

ネイティブが話す姿を観察してみると……

　ネイティブの人たちが話をしているのを観察すると、口を大きく開けて動かしている一方で、頭はあまり動かさないことに気が付きます。相手の話を聞きながら、頻繁にうなずく日本人とは大きな違いです。

　もう1つ特徴的なのは、相手の目を直視して会話をすること。特に強調して何かを伝えたいときには、目を大きく見開いて、こちらをのぞき込んだりもします。

　有名なのはヒラリー・クリントンさんで、大きな目をギョロッとさせたイメージがしばしばメディアに掲載されましたよね。ネイティブの人たちは、"目力"を使いながら、自分の意見を主張しようとするのです。

　英会話をする際には、こうしたネイティブの特徴に留意して、相手の目をしっかりと見るようにしましょう。また、不必要にうなずかず、強調したいメッセージがある場合には瞼を大きく開いて自分の意思を表現するように心がけるとよいでしょう。

現役ビジネスパーソンに必須のディベート力

　会話の中でハードルが高いのは、ディベートです。自分の意見をしっかりと相手に伝え、相手の主張も聞き入れながら、さらに自分の意見を述べられるようになるには、かなりの英語力と論理性が要求されます。

　現役のビジネスパーソンならば、こうした能力はぜひ身に付けたいところです。実際、海外の取引先とミーティングや契約交渉を行う際、ディベートの能力は欠かせません。

　ディベートをする場合には、主張の組み立て方がいくつかあるので、まずはその基本形を覚えていくとよいでしょう。

　まずは「I think that ～」、「I believe that ～」、「I am afraid that ～」、「I understand that ～」から始め、主張したい意見や事実を相手に伝えます。その後、接続詞の「but」でつなぎ、主張内容を裏付ける論証や理由を述べるのです。

　もしくは「You mentioned that ～」（あなたは～とおっしゃいました……）と切り出し、その後に「In my opinion ～」と続け、こちらの反論を相手に伝えていきます。

　ロサンゼルスタイムズ社に勤めていた当時、私自身も、取材テーマについての意見や説明、給料の値上げ交渉、長期休暇の申請などで、論理立てた説明を綿密に練り、上司

とディベートすることが何度もありました。

「権利は自分でつかむもの」「言ったもの勝ち」という社風の中で、ディベート力が鍛えられていったのです。

ただし、相手があっての議論、交渉なので、できれば丁寧な表現、洗練された表現を取り入れたいところ。表現の仕方を扱った教材は豊富にあるので、お気に入りの１冊を選び、自分が直面するであろう場面、状況を想像しながら何度も声に出して練習してみてください。

レコメンドサイト＆教材

**BBC Learning English
English At Work**
https://www.bbc.co.uk/learningenglish/english/features/
english-at-work
架空の商社で働く登場人物を通して、面接、丁寧な依頼、謝罪、提案、異論、電話での会話、丁寧に断るなど、職場で使う表現がアニメで紹介されている。（中上級）

- -

『英語のお手本―そのままマネしたい「敬語」集』
マヤ・バーダマン著、ジェームス・M・バーダマン監修／
朝日新聞出版

ゴールドマン・サックスで教わった丁寧な書き方・話し方集。簡単な言葉から、レベルアップした効果的な用語が満載。

助動詞を制する者が「大人の英会話」を制する

　英語というと、表現が直接的というイメージがあるかもしれません。しかし実際は、助動詞の効果的な使い分けによって、微妙なニュアンスを伝えることもできます。

　例として、「can」と「could」の違いを見ていきましょう。
　2008年、アメリカ大統領選に出馬したオバマさんがスローガンにしたのは「Yes, we can.」でした。
　この助動詞「can」には、「絶対にできる」という、オバマさんの強い決意が表れていました。
　ところが日常生活では、常に物事を断定できるものではありません。自分を追い詰めないように逃げ場を作っておきたいと思うこともあるでしょう。
　ストレートに断言してしまうと、できなかった場合、後で後悔することにもなりかねません。そこで「could」をうまく使い、断定を避けるようにするのです。

Do you think we <u>can</u> put an interview request to the prime minister?
（首相に取材申し込めるかな？）
Well, I <u>could</u> try but the chances are small, I'm

afraid.

（まあ、トライしてみますが、可能性は小さいと思いますけど……）

　また、相手の希望や事情を尊重しつつ、控え目に可能性を提案する場合にも、次のように「could」が使えます。

I'm going to Tokyo next week but can't find a place to stay.

（来週、東京に行くんだけど、宿が取れなくて。）

You <u>could</u> stay at my parents' place if you like.

（もしよければだけど、うちの親の家に泊まれるよ。）

　助動詞を使い慣れていない人は、「could」を単純に「can」の過去形だと思っているかもしれません。しかし、<mark>この２つを使い分けることで、微妙なニュアンスを醸し出すことができるのです。</mark>

　まさに助動詞をうまく使うと、「大人の会話」が成立するのです。

実践英会話は助動詞だらけ？

　私が勤めるニューヨークタイムズ社の東京支局内で日常的に取り交わされる会話の中で、どのくらい助動詞が多用されているのかを紹介してみます。

<u>Should</u> we cover tomorrow's press conference in

case the president attends?

（社長が出席するなら明日の会見は取材したほうがいいかな。）

We <u>might</u> need to attend in case he makes an announcement of the buyout.

（万が一、社長が買収を発表するかもしれないから、出席しないといけないかもしれないね。）

I'<u>d better</u> catch a cab as I'm running late.

（遅れているから、タクシーを拾ったほうがよさそう。）

I <u>have to</u> file the story by seven tonight.

（7時までに記事をあげないといけないんだ。）

The photo desk said we <u>must</u> send a photographer.

（フォトデスクが、写真家を必ず送れと言ってきた。）

So <u>could</u> you call Kentaro to see if he is available?

（だから、健太郎に電話して、予定空いているか聞いてみてくれる？）

「maybe」を連発するのは
やめよう

　ストレートな発言を好まない傾向のある日本人は、英語を話す際に「maybe」をよく使いたがります。しかし、「maybe」ばかりを連発していると、自分の意見をはっきり言わない人だと思われてしまいます。そう思われないためにも、その他の助動詞の使い方をマスターし、自らの感情、意図に沿った微妙な意思を相手に伝えるようにするとよいでしょう。

　例えば、「やってみようかな」「時間があれば、やってみるんだけど」という意思を伝えるなら、「Maybe I will try.」ではなく、「I might try.」もしくは「I would try if I had time.」と言うべきです。

「Are you willing to 〜 ?」

　何かをお願いするときに、「Are you willing to 〜 ?」という言い方があります。この尋ね方には、「ちょっと嫌かもしれないけど、引き受けてくれないかなあ……」というニュアンスが含まれているので、少し面倒なことを遠慮がちに依頼する際に使うことができます。

仮に上司から、「Are you willing to work on Sunday?」（日曜日に働いてくれないかしら？）と依頼された場合は、「申し訳ないことをお願いするんだけど……」という気持ちを感じていると受け取ってよいでしょう。

　日本語のような敬語がなく、何事もストレートに表現すると思われがちな英語ですが、助動詞を使って遠慮しながら何かを依頼する方法もたくさんあることを覚えておくと、表現の幅が広がります。

　もしもこんなふうにお願いされた場合は、「Yes, I could but I'd like to take Monday off.」（いいですよ、働けます。ですが、その代わりに月曜は代休を取りたいです。）といった交渉も必要かもしれませんね。

　頼まれたことを心から喜んでやりたいときには、「I am willing to work.」ではなく、「Sure, I'd love to.」または「I am happy to.」と答えるとよいでしょう。

日本語話者が間違いやすい
疑問詞の使い方

　英会話を実践し始めたばかりの段階では、誰かに話しかけるといっても、とかく質問ばかりになってしまうという話をしました。疑問詞の５Ｗ１Ｈ（When、Where、Who、What、Which、How）を使って質問し、相手に答えてもらうコミュニケーションのパターンは、こちらが率先して話す必要がないので楽なのです。

　ただし、５Ｗ１Ｈを使っていれば、無難に質問できるかというと、そうとも言い切れません。落とし穴もあるのです。

　初めて会った外国人を相手に会話を始めたケースを考えてみましょう。

Where are you from?　（ご出身はどちらですか？）

　この質問なら誰でも完璧に聞けるはずです。続いて、少し話をした後に、この外国人の母国の首都がどこであるのか質問してみます。さて、あなたならどう尋ねますか？

*Where is the capital city of your country?

*Where is your country's capital city?

　多くの人が、このような聞き方をするのではないでしょうか。ところが、この聞き方は間違いなのです。「どこですか」という日本語の言い方に惑わされ、「Where」を使ってしまいがちですが、正しくは次のように尋ねなくてはなりません。

What is the capital of your country?

　日本語に影響されたまま疑問詞の５Ｗ１Ｈを疑問文の前につけさえすれば質問できるかというと、そう簡単でもないのです。

「How」と「What」の使い分け

　「彼のこと、どう思う？」
　この日本語を英語で尋ねられますか？
　「どう？」という日本語につられて、「How」を使ってしまいそうになりますが、一般的な聞き方としては、

What do you think of him?

が正解です。もしくは、

What's your impression of him?

と尋ねることもできます。

　この他、「How」と「What」には微妙なニュアンスの
違いがあるので、頭の隅に置いておくとよいでしょう。

How do I look?
外見の評価として「どう思う？」

What do I look like?
仮装か何かをしているときに、「何に見える？」

Who do I look like?
誰かに扮して「誰に似ていると思う？」

「人は必ず死にます」

　誤った質問の仕方を指摘され、「なるほどそのとおり
だ！」とハッとしたことがあります。
　学生時代にある有名人が死亡したというニュースを聞
き、とっさに次のような質問をしてしまったのです。

*Why did he die?
（どうして彼は死んだの？）

　この質問のどこがおかしいかわかりますか？　私は間違
いを指摘されるまで、まったく気が付きませんでした。
　しかし、私に質問をされたネイティブの先生がこう答え

たのです。

People die anyway. There is no particular reason.
（人はいずれ死ぬもんだよ。特に理由なんてないよ。）

　確かにそのとおりです。こう言われて、私は自分の誤り
にようやく気が付きました。死因を聞きたいときは、次の
ように質問すべきなのです。

How did he die?（どのようにして彼は死んだの？）
What was the cause of his death?（彼の死因は何だっ
たの？）
What caused his death?（何が彼の死因だったの？）

　日本語表現に引っ張られて、「Why」（どうして／なぜ）
を使って質問をしてしまったのが間違いの原因でした。日
本語と英語ではこうした表現方法の違いがあるので、気を
付ける必要があります。

「映画」で使われているセリフを
書き留めて、使ってみよう

　英語学習者の中には、「字幕なしで洋画を観られるようになる」ことを目標にしている人も多いのではないでしょうか。好きな俳優のセリフを直に理解することができたら、映画を観る感動はより深まるはずです。実用的な側面から考えても、楽しみながら英語を学ぶという点では、映画ほど適した教材はないかもしれません。

　映画を通じて英会話力を上達させたいのであれば、出演者たちのセリフの中から気に入ったものを書き留めていき、それらが使われていたシーンを思い出しながら、実際にまねてみるとよいでしょう。

映画は生き生きとしたフレーズの宝庫！

　仕事で使えるフレーズを覚えたいのであれば、オフィスを舞台にした映画を観るとよいでしょう。

　例えば、アン・ハサウェイとロバート・デ・ニーロが出演する『マイ・インターン』。ニューヨークのオフィスを舞台にしたコメディーで、面白い作品です。

　この映画の中では、こんなセリフが出てきていました。

Hang in there! （頑張って！）

　シニア・インターンを始めたデ・ニーロに若い同僚が言うセリフですが、このフレーズは日常生活でも実際によく使われます。「hang」には「ぶら下がる、つかまる」という意味があるので、「そこに食らいついて！」というニュアンスが含まれています。

　かつて、特派員に「進捗はどうですか？」と声をかけると、「I'm hanging in there!」（頑張ってるところ！）という答えが返ってきたことがありました。

　ちなみに、「hang」は、「hang up」（電話を切る、吊るす、中止する）、「hang on」（電話を切らずに待つ、すがりつく、頑張る）など、日常会話でよく使われる単語です。1つの単語を覚えたら、その単語が使われている他のフレーズも一緒に覚えると効率がよいでしょう。

　もう1つ『マイ・インターン』の中から。

You'll get used to me. （そのうちに私に慣れるわ。）

　こちらはデ・ニーロのボスであり、やり手のハサウェイが彼に投げかけるセリフです。「get used to ～」も頻繁に使われる表現です。

Don't worry. You'll get used to it. （心配しないで。そのうちに慣れるよ。）

こんな言い方は実によく耳にします。

　映画には、実生活でも使われる生き生きとしたフレーズが詰まっています。「これは使えそう！」というセリフがあれば、ぜひとも覚えて使えるようにしてください。

　ありがたいことに、ここ数年の間に Netflix や Hulu、Amazon ビデオなどの動画見放題の有料サイトが充実してきています。字幕を切り替えることが可能な作品が多数ありますので、楽しみながら英会話力をアップしましょう。

レコメンド教材

『モダン・ラブ 〜今日もNYの街角で〜』
（Amazon プライム・ビデオ）

『ニューヨークタイムズ』で 16 年間続く人気連載コラム「Modern Love」のドラマ版。

- -

『クィア・アイ』 （Netflix）

「ファブ5」と呼ばれる5人のメインキャストによるアドバイスで様々な悩みを解決するリアリティー番組。笑いと涙があふれるエンディングで心温まります。

- -

『ドクター・フー』 （Hulu）

イギリスで制作された SF アドベンチャーシリーズ。楽しみながらイギリス英語の独特のアクセントに触れることができます。

外国メディアへの
転職

　忙しすぎることを除けば、日々、英語に触れられる翻訳会社での仕事は楽しいものでした。ただ、勤めて3年くらいしたときに、このままずっとこの会社に留まるのではなく、転職をしたほうがいいのではないかと思うようになります。ちょうどそのころ、英語力をもっと高めたいと小さな通訳学校の基礎講座を受講し始めていました。

　そんな折、大学の恩師から連絡があり、「英字新聞の『デイリー・ヨミウリ』の求人広告に君に向いていそうな求人が出ていたよ」と伝えられます。

　さっそく新聞を買って求人広告を見てみると、それはロサンゼルスタイムズ東京支局のスタッフの求人広告でした。

　採用条件を見ると、「Good command of English（英語に堪能なこと）」「Flexible（柔軟なこと）」と書いてあります。

　英語が堪能かどうかは自分では判断がつきませんでしたが、柔軟であることに関しては自信がありました。さらに、英語を使える仕事でもあるし、ジャーナリズムにも興味があったため、私はすぐに応募することにしたのです。

　すぐに Curriculum Vitae（履歴書）を書いて郵送すると、

しばらくして、当時在籍していた3人の特派員のうちの1人から電話があり、応募の動機などについて聞かれたのち、「面接に来てください」と告げられました。

いきなり採用試験を受けることに

有給休暇を申請し、緊張しながら東京支局に足を運ぶと、落ち着く間もなく英語で書かれた取材申し込み依頼状と質問事項を日本語に訳してくださいと言われました。

外国メディアなのに、日本語の能力がテストされることに不思議な思いがしましたが、よく考えてみれば当然のことでした。

現地の取材記者の仕事は、アメリカ本社から派遣された特派員と共に日本のニュースを取材して、日本語で得た情報を特派員が理解できるように、英語で的確に通訳、翻訳することです。特派員はこの情報を受け取って、記事を書いていきます。

こうした一連の行動をするにあたって、現地の記者は取材を申し込まなくてはいけません。先方から許可をもらうためには、しっかりとした日本語で依頼ができるかどうかが重要になってきます。また、直接人に会って取材をする際には、高い日本語の能力もなければ的確な質疑もできません。

日本で日本人として英語を
使って仕事をするには、

日本語の能力も不可欠なものなのです。当然、英語能力に関するテストも受けましたが、これがかなり難しいものでした。いきなりテレビの前に立たされ、「これからニュース映像を再生しますので、それを通訳してください」と言われたのです。

　再生された映像は、NHK の昼のニュースを録画したものでした。流れてくる映像を見ながら、とにかくその内容を英語に通訳していきました。日本人の担当者は、私の通訳を録音し、それを後で特派員に聞かせるようでした。

　初めての面接で、こんなことまでやらされるとは予期していなかったのでかなり戸惑いましたが、できないと採用されないと思い、必死になって訳し続けました。

　今でも覚えていますが、そのときのニュースの話題は、インサイダー取引で逮捕者が出たというものと、地震のニュース速報でした。

　かなり緊張してしまい、デキはあまりよくありませんでしたが、途中で口ごもることなく最後まで通訳し終えました。

採用試験にパスした理由とは？

　その後、3人の特派員の日程に合わせ、不定期に呼び出されることが続きます。そのたびに、特派員による個別インタビューを受けたり、取材に同行して実際の通訳能力を試され

たりしました。

そしていよいよ、ある取材の後に、「あなたを採用したい」とのオファーを支局長からもらったのです。

のちに支局では、私が採用の場面に立ち会うことになりますが、ニュース映像の通訳を面接者に求めると、「訳せません」と言って沈黙してしまう人も多く見られました。

ここがいかにも新聞社らしいところなのですが、結局のところ、会社が求めているのはきれいな英語で訳せということではないのです。

それよりも大切なのは、とにかく今何が起きているのかということを特派員に伝えるという意欲。

インサイダー取引が発覚したのであれば、いつ（When）、どこで（Where）、どうして（How）起きたのかを簡潔に把握し、すばやく通訳することが求められるのです。

地震のニュースも同様で、どこで、いつ、どのくらいの大きさの地震が起きたのかということを的確かつ迅速に伝えることが重要になります。

要するに、ロサンゼルスタイムズ社での採用試験は、候補者がどれだけ臨機応変に振る舞えるかを見ていたのです。

私が採用されたのは、英語力云々よりも「できません」と言って止まらなかった度胸が評価されたからなのかもしれません。

後日、この求人広告に対して 200 人を超える応募があったと知りました。特派員たちは、最終選考に残った数名に同じような採用試験を課し、面白がって候補者を取材に連れ出していたようでした。

　そして、彼らは都会の一流大学出身者や帰国子女ではない、どこの馬の骨ともわからない小娘を何の先入観もなく選考し、評価してくれたのです。

　英語が上手に話せることが最優先ではなく、日本社会を独自の鋭い視点で見つめる特派員の最も身近な日本の水先案内人として「純ジャパ人材」であることのほうが重視された結果でもありました。

　ところで、採用が決まった後、特派員たちの日本での生活をサポートすることも日本人スタッフの重要な仕事の 1 つであることが判明したのには苦笑しました。

　特派員のマンションのガス警報機が鳴り響いたり、電車の中に忘れ物をした、駐車禁止の路上から自転車を回収されたなどなど、日常生活のトラブルが発生するたびに、緊急対応する「何でも屋」のような過酷なドタバタ業務が待ち受けていたのです。

　したたかな特派員のこと、日本でのユニークな体験やハプニングは、体験記として記事になることもしばしばありました。彼らにとって、日本の治安のよさは非常に興味深いネタだったようです。夏季休暇でカナダへ帰省した元上司は、最

寄りの駅に無施錠で自転車を放置していたにもかかわらず、盗まれていなかったことに驚いていました。

　しかし、とうとうある日、駅の駐輪場に停めていた自転車が何者かによって盗まれてしまい、その件で警察から連絡が入ったのです。警察署まで自転車を受け取りに行く上司の通訳として私も同行することになりました。

　取調室に通され、自転車をどこに停めていたのか、本当に上司の自転車であるかどうかなど、細かく聴取を受けた際、上司は、取り調べ担当官に、どうやって犯人を発見したのか、なぜ自分の自転車だとすぐにわかったのかなどと、逆質問を始めたのです。自転車の防犯登録制度も珍しかったのでしょう。

　欧米ならば、おそらく真剣に取り合ってくれない自転車盗難のような軽犯罪に対し、日本の警察はなぜそれほど執念を燃やすのか……。上司は自分の体験を記事にして掲載したのです。後日、ある地方の警察署の交通安全課から、「素晴らしい内容の記事であり、ついてはぜひ講演をお願いしたい」との依頼が舞い込むほどの反響でした。

　まさに転んでもタダでは起きず、彼らは体を張って仕事をしているのです。

　そして、ネイティブの特派員を相手に、数々の修羅場を乗り切ることができたのは、同じような要件を満たした百戦錬磨の日本人の大先輩たちの存在があったからです。

人生経験豊富な先輩、同僚、仲間に助けられ、現在の私が
あるのだと思います。

Chapter **7**

グラマー

grammar

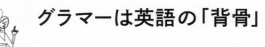

グラマーは英語の「背骨」

英語を人間の体にたとえるなら、グラマー（文法）は「背骨」に当たる部分ではないでしょうか。つまり、なくてはならない根幹であり、ネイティブではない日本人は絶対に押さえておく必要のあるものです。

日本の英語教育はグラマーに偏りすぎている傾向があるため、これに反発してグラマー不要論を唱える空気も存在します。しかし、グラマーの知識なしに英語を総合的にレベルアップさせることはできません。

文法的な構造が似ている言語同士であれば、英語のボキャブラリーを覚えて、それらを母国語のセンテンスに置き換えれば、ある程度の表現はできるでしょう。ところが日本語と英語はグラマーが大きく異なるため、そのルールをしっかりと学ぶ必要があります。

グラマーの知識がなければ文章を正確に理解することもできませんし、もちろん書くこともままなりません。と同時に、リーディングやスピーキングの際にも苦労するでしょう。グラマーがわからなければ、いつまで経っても単語をポツポツと並べるだけの拙いコミュニケーションに終始してしまうことになります。

逆に、グラマーがしっかりと身に付いていれば、それをもとに臨機応変に表現を展開していけます。それだけに、グラマーの基礎はしっかりと押さえておきたいところです。

　幸い、中学時代からグラマーを中心に英語を学習してきた純ジャパの人たちにはベースとなる知識がたくさんあるので、少しの時間で高い学習効果が期待できるセクションのはずです。こうしたアドバンテージを活かしつつ、ここで改めて基本に立ち返ってグラマーを学び直してみましょう。

まずは英語の語順からおさらいしよう

　たとえ発音が典型的な日本語読みであっても、語順がしっかりしていれば、なんとか通じる可能性は高まります。次の３つの例を比べてみてください。

① 文法が正しく、語順を徹底的に遵守している例
　My father is working at the office.
　語順は遵守しているので、発音がカタカナ英語でも、通じる可能性が高い。

② 小さな文法的な間違いはあるが語順は遵守している例
　*My father is office.
　間違ってはいるが、通じる可能性は高い。知的会話の成立まで、あと１歩。

③ 文法も語順も支離滅裂な例

　　*Office working my father.

　英語がまったくできない人が、話してしまう典型例。英語の単語を無理やり並べてしまう人をよくみかけますが、ほとんど通じません。

　実は、2番目の例文は、ネパール在住の甥(おい)が、3歳当時、家を訪ねてきた外国のお客様に対して、「お父さんは会社にいます!!」と伝えようと必死に並べた英文です。これならなんとか通じるレベルでしょう。彼なりに父親の仕事のお客様に対して、きちんと案内しようと健気(けなげ)に頑張ったのだと思います。

　上記3つの例の比較からわかるように、語順がしっかりとしていれば、発音が多少悪くても通じる可能性が高まるということです。文法的に正しい語順で話すことはとても重要なのです。

基本5文型は
便利で強力なテンプレート

　世界のトップテニスプレーヤーとして長らく活躍する錦織圭選手は、マイケル・チャンコーチの指導を受け始めてから、基本練習を地道にやり直したそうです。エアKのような派手なキラーショットではなく、苦手としていた基本ストロークの練習に徹した時期があったそうです。

　この話を聞いたとき、私は、グラマーの学習法と似ているなと思いました。

　グラマーというのは、錦織選手が行った「基本ストロークの練習」のように、複雑な英文を使いこなすための「基本の型」と考えてみるとよいでしょう。

　そこで思い出してほしいのが、中学校の3年間で習った文法の勉強です。中学英語の文法の知識は、大人が本気で集中して取り組めば、3週間でマスターできるでしょう。

　まずは中学校で習う基本文型、構文をしっかりと復習すれば、それを跳躍台にして、リスニングやスピーキングにも応用できるようになります。

　ここでは、基本の5文型を簡単におさらいしていきます。

　Sは主語、Vは動詞、Oは目的語、Cは補語のことです。

第1文型　<u>S</u>＋<u>V</u>　（Sが／はVする。）

例文①　<u>I</u> <u>think</u>, therefore I am.

我思う、故に我あり。（デカルト）

例文②　And yet, <u>it</u> <u>moves</u>.

それでも、地球（it）は回っている。（ガリレオ・ガリレイ）

第2文型　<u>S</u>＋<u>V</u>＋<u>C</u>　（Sが／はCだ。）〈S＝C〉

例文①　<u>Every day</u> <u>is</u> <u>a new day</u>.

毎日が、新たな日なんだ。（ヘミングウェイ）

例文②　<u>Simplicity</u> <u>is</u> <u>the ultimate sophistication</u>.

シンプルさは究極の洗練である。（レオナルド・ダ・ヴィンチ）

第3文型　<u>S</u>＋<u>V</u>＋<u>O</u>　（Sが／は、OをVする。）

例文①　<u>I</u> <u>need</u> <u>somebody</u>.

私は誰かを必要としている。

例文②　<u>You</u> <u>saw</u> <u>her</u> yesterday.

あなたは昨日彼女に会った。

第4文型　<u>S</u>＋<u>V</u>＋<u>O₁</u>＋<u>O₂</u>　（Sが／は、O₁にO₂を
Vする。）

例文　<u>They</u> <u>offered</u> <u>me</u> <u>the job</u>.

彼らは、私に仕事をくれた。

　ちなみに、第4文型は、語順を変えて第3文型に変換す
ることもできます。

変換例① She <u>showed</u> me her beautiful garden.
　　　　 → She <u>showed</u> her beautiful garden to me.
　　　　 彼女は、美しい庭園を私に披露してくれた。

変換例② He <u>made</u> me a birthday cake.
　　　　 → He <u>made</u> a birthday cake for me.
　　　　 彼は、私にケーキを作ってくれた。

第5文型　<u>S</u> + <u>V</u> + <u>O</u> + <u>C</u>
（Sが／は、OをCにする／と呼ぶ／と思う。）〈O = C〉

例文①　He <u>made</u> me happy.
彼は私を幸せにしてくれました。

例文②　Would <u>you</u> <u>leave</u> me alone?
1人にしてくれませんか？

例文③　He <u>calls</u> his dog Hachi.
彼は自分の犬をハチと呼びます。

例文④　I <u>believe</u> him innocent.
私は彼のことを無実だと信じています。

　ここでは簡単な例文を紹介しましたが、どんなに長い文章でも分解すれば多くは5文型のいずれかに落とし込めます。積み木を順序よく並べていくように、5文型のどれかに従って単語を並べていく習慣を身に付けてください。

　ここで思い出していただきたいのは、「スピーキング」の章で作った「50英文」です。これらの文は、すべて5文型のいずれかに分類できます。

この5文型をしっかりと押さえた上で、否定文、疑問文、進行形、完了形、疑問詞を使った疑問文を作れるように練習してみるとよいでしょう。

頻出動詞を使って5文型をマスターしよう

5文型に慣れるためには、できるだけたくさんの例文を自分なりに作ってみることです。参考までに、頻繁に使う動詞を使って例文を紹介していきます。

[**have**]

① We have a plan for this weekend. （第3文型）

② My friends are having a party on Saturday. （第3文型）

③ He had his passport stolen. （第5文型）

[**make**]

① Your friend made a lot of jokes last night. （第3文型）

② Her smile makes me happy. （第5文型）

③ We have to make it right this time. （第5文型）

[**take**]

① He took me to the restaurant last night. （第3文型）

② We take it for granted. （第3文型）

③ You can take a bus or train. （第3文型）

[give]

① Santa Claus gave presents to Children.　（第 3 文型）

② Can you give me a call tomorrow morning?　（第 4 文型）

③ My dad will give you a ride to the station.　（第 4 文型）

レコメンド教材＆アプリ

『くもんの中学英文法—
中学1〜3年 基礎から受験まで』
くもん出版
基本に忠実にわかりやすく丁寧に説明されています。

- -

『一億人の英文法—
すべての日本人に贈る「話すため」の英文法』
大西泰斗、ポール・マクベイ著／ナガセ
話せるための英文法を詳しく理解したい人に最適の参考書。

- -

『英語組み立て TOWN（文法編）』無料
中学、高校レベルの基礎文を並べ替えで解くアプリ。自然な内容の
文章で基本的な文法をマスターできます。音声読み上げ機能も付い
ています。

- -

『スタディサプリ ENGLISH』有料
総合英語学習アプリ。「基礎英文法」は、動画で解説を見て、問題
を解くことで文法をおさらいできます。

使役動詞を使う際には
注意を払おう

「make」、「have」、「let」は、使役動詞と呼ばれ、「誰かに何かをさせる」という意味合いを含めたいときに使われる動詞です。

この使役動詞の使い方を間違うと、場合によっては上から目線と受け取られることもあるので、気を付ける必要があります。

例えば、オフィスに電話がかかってきたとしましょう。ところが、相手が話をしたい人物がその場にいません。この場合、その人物が自分の上司や社長であっても、日本語では「折り返し電話させます」と伝えて応対するのが普通です。

ところが、「折り返し電話させます」を英語に直訳して「I will make him call you back.」と言ってしまうと、上から目線になってしまい、横柄と受け取られてしまう可能性があります。

上下関係や内と外の関係に細かく気を配る日本では、社内では上の立場の人物であっても、対社外になると"身内"のように扱い、上司や社長であっても「使役」を使った表

現をしても問題視されません。

　ところが、英語の表現では、たとえ上司や社長であっても、部下に対して使役を用いるケースはかなり稀です。

　当然ながら、部下も上司や社長に関わることで使役を用いたりはしません。この点が、日本の社会習慣と異なるところなので、使役動詞の使い方にも注意を払う必要があります。

　例のようなケースでは、強制性が強い「make」ほどではなく、弱め、または中立的な「〜してもらう」という意味を帯びた「have」を用いるか、もしくは「I will tell him to call you back.」（電話するように彼に伝えます）と言ったほうが無難です。「tell」の他に、「ask」を使ってもよいでしょう。

「make」を使ってもいいケースは？

　では、強制の意味合いが強い「make」はどういうケースで使えるのでしょうか。例えば、次の例のように、親が自分の子どもに対して用いるのであれば問題はありません。

I will always make my children do their homework before they go to play outside.
（子どもが外に遊びに行く前に、いつも宿題をやらせます。）

Your job is to make Japanese people talk to us.
（君の仕事は、日本人を話させることだよ。）

　２番目の表現は、ニューヨークタイムズの上司が私に言った言葉です。

　日本人は、自分の意見を公の場で主張するのを嫌がる傾向にあるため、取材で質問をしてもなかなか口を開いてくれない状況に直面することがよくあります。

　「そんな人をうまく説得して、取材に応じてもらうようにするのが君の手腕で、仕事なんだ」と、諭された記憶が今でも心に残っています。

ビジネスシーンでは「let」を使うのもリスキー

　次に「let」の使い方についても考えてみましょう。

　「let」には、「許可」というニュアンスが含まれます。次の例文を見てください。

I let my daughter go to her friend's place by herself today.
（今日は娘を１人で友達の家に行かせました。）

　このように、対象となる人物（my daughter）が何かをしたいのに、誰か（I）から「許可」を得る必要がある場合に、「let」が使われるのです。

　つまり通常は、自分よりも目下の相手に対して使う単語

であり、会話で「let」を用いる際には「make」のときのように気を付けたほうがよいでしょう。

I will let you take a summer vacation.
（夏休みを取らせてあげるよ。）

　相手が部下だからといって何も考えずに「let」を使ってしまうと、あたかも自分の裁量で夏休みを取らせている印象を与えてしまうかもしれません。この場合は、

You are entitled to take a summer vacation.
（夏休みを取る権利がありますよ。）

と言えば、中立的に伝えることができます。
　ちなみに「let」はとても便利な動詞で、下の文のように「〜してあげる」と相手に伝えたいときに使えます。

I'll let you know.
（お知らせします。）

　こうしたケースで「let」を使うのは、相手に対して失礼にあたりません。

使えると便利な関係詞

　関係代名詞と関係副詞の使い方にもなじんでおきましょう。

　関係詞は、2つの文章を1つにまとめて、名を修飾するために使われます。

　「a green T-shirt」や「a fresh orange」のような表現なら、名詞の前に形容詞を置くだけで形容することができますが、より詳細な描写で名詞を説明したい場合には、関係詞をうまく用いると、コンパクトに表現できます。

　例文をいくつか紹介しておきます。

例文①

I found a nice apartment that was renovated recently.

（最近リノベーションされた素敵なアパートを見つけました。）

「a nice apartment」のような普通名詞を修飾する場合は、関係代名詞「that」（または「which」）を使います。

例文②

When I visited Los Angeles, I bumped into an old friend who lives in New York.

（ロサンゼルスに行った際、ニューヨークに住んでいる旧友にばったり会いました。）

修飾する対象が「人」の場合は、関係代名詞「who」を用

います。

例文③

I look forward to seeing <u>Ichiro</u> (<u>whom</u>) I respect from the bottom of my heart.

(心から尊敬するイチロー選手に会うのを楽しみにしています。)

目的格の「whom」は、フォーマルな口語または文章体で使われますが、会話では省略されることがよくあります。

例文④

She lost her new <u>iPhone</u> <u>which</u> she just bought last week.

(彼女は、先週買ったばかりの新しい iPhone をなくした。)

普通名詞の場合は、「that」の代わりに「which」も使えます。

例文⑤

Last year, I visited <u>Nepal</u> <u>where</u> my sister lives.

(昨年私は、妹の住むネパールを訪れました。)

場所を修飾する際には、関係副詞「where」を使います。

"カラー"のある
レポートとは？

　ロサンゼルスタイムズ社に入社してほどなく、経済成長率の指標であるGDP（国内総生産）の速報値が発表され、私は、経済担当特派員から取材をするように命じられました。"man-on-the-street interview"（街頭インタビュー）をしてこいというのです。

　ビジネスパーソンから景況感を聞く――。

　経済担当の取材記者としては、基本中の基本と言ってもよいでしょう。

　このとき、特派員から言い渡されたことは、「ただ話を聞くだけでなく、"カラー"のあるレポートを上げろ。それが取れるまで帰ってくるな」ということでした。

　支局のあった大手町のビルから金融街の一角に向かい、さっそく行き交うビジネスパーソンに声をかけていきます。ところが、「すみません。ちょっといいですか？」と呼びかけても、立ち止まってくれる人はなかなかいません。

　ちょうど冬の時期で、通りに立っていると寒風が吹きつけます。しかもその日はスカートとヒールの靴をはいていたので、足元が寒くて仕方ありません。そんな状況で誰にも立ち止まってもらえないと、マッチ売りの少女になったような悲

しい気持ちになりましたが、どうにか耐えてインタビューを終えました。

ところで、特派員が言った"カラー"のあるレポートですが、それが意味するのは「話を聞いた相手の様子を本国ロサンゼルスの読者が思い浮かべられるような内容にしろ」ということです。

そのためには、相手のフルネームや年齢を聞くのはもちろんのこと、その人独特の受け止め方を聞き出さなくてはなりません。会社名まで聞き出せとは命じられませんでしたが、少なくともどの業界で仕事しているかは聞きなさいと言われました。

さらに言うと、何色のシャツを着ているのか、どんなスーツやネクタイを着けているのかを細かくチェックし、女性なら持っているバッグのブランドも確認していきます。これらの他、時計の銘柄、体形、眼鏡をかけているかなども観察する癖をつけるように教わりました。

これらのディテールをしっかりと捉え、英文のメモを作っていくのです。

これほど微細に様子を記しても、実際に記事に反映されるかどうかはわかりません。ただし、情報が多ければ多いほど記事の奥行が深まるので、手を抜くことは許されないのです。

経済担当の特派員の下で取材のサポートをすることになった私ですが、経済についての専門的な知識が

ないため、悪夢のような日々を過ごすことになります。

　四半期ごとに発表される GDP の速報値発表日には朝一番で経済アナリストに電話をかけて分析を聞き、それを英文メモに起こしていきます。

　この場合、まずは日本語でアナリストの言っていることを理解できないと英訳することもできないので、経済の知識が欠かせません。ところが、これまで経済について学んだことのなかった不勉強がたたり、一輪車操業状態で経済を勉強する必要に迫られたのです。

"You'll be fired!"「あなた、クビよ！」

　入社してまもないある日、経済担当の特派員に同行し、野村證券に取材に出かけたことがありました。

　このときの私の任務は、特派員と野村證券の部長とのインタビューを通訳することでした。ところが、部長の話す日本語が専門的すぎて、まともな通訳ができず、そのことに焦った私は血の気が引き、失神寸前になってしまったのです。

　このときの恥ずかしさと悔しさと申し訳なさと言ったら、相当なものでした。それを見かねた当時の支局長（バリバリのキャリアウーマンで、のちに国務長官時代のヒラリー・クリントンのスピーチライターに抜擢（ばってき）されるほど優秀だった）が声をかけてくれたのですが、彼女から発せられたコメント

を聞いて、私はさらに自信をなくしてしまいました。彼女は、こう言ったのです。

I heard you were depressed 'cause you couldn't do the translation at Nomura. Are you all right? I know it's tough. But if you can't do it, you'll be fired.
（野村證券の取材でうまく通訳ができなくて落ち込んでいるって聞いたけど、大丈夫なの？　大変なのはわかるけど、できないと、あなたクビよ。）

　こんな言葉を投げかけられ、「ガーン！」と大きく傷つく一方で、「これは大変だ！」という危機感に突き動かされた私は、それ以降、『日経新聞』を猛烈に読み始めます。次の取材で難しい経済用語が出てきたとしても、しっかりと通訳できるよう、文字どおり必死になりました。

　ロサンゼルスタイムズ社に勤め出してからは、毎日が新たな英語と格闘の日々でした。上司と夢の中で議論をし、うなされるように英語で寝言を言ったこともあるくらいです。

　実際のオフィスでも闊達な議論ができる環境だったので、実にありがたい職場だったと今ではとても感謝しています。

　ここでの経験があったからこそ、その後、同業他社であるニューヨークタイムズ社で即戦力人材として入社することができたのだと思います。

新聞社が求めるのは「クイック＆ダーティー」

　野村證券での大失態があった直後、すっかり自信をなくした私は、外資系通信社に勤めている日本人の知人に相談したことがあります。

　新聞社の仕事についていけないのではないかと弱気になっている私でしたが、知人は何度も「大丈夫だよ、できるって」と言って励ましてくれました。そのときに彼が話してくれたことは、とても説得力があり、心強いものでした。

　支局長から「クビよ！」と宣告されたことを話すと、彼はすぐに「アメリカの会社なんて、そんなもんだよ」と言ったのです。

　さらに続けて、「アメリカの会社って、リトルリーグレベルの選手をいきなりメジャーリーグの試合にスタメンで起用して、現場で鍛えたりするところだから、そこはめげずに慣れるしかないよ」と助言してくれました。

　この話を聞いて、「なるほど、そういうものなのか」と妙に安心したのを覚えています。

　アメリカの会社では"on-the-job training"（OJT）が当たり前なのです。

　どうにか仕事を続けていく気力を取り戻した私は、再びロサンゼルスタイムズ社での仕事に全力を傾けます。しかし、まだまだ新米だったので、満足に仕事をこなせません。

特派員はできるだけ早く私から英文レポートを受け取ろうと待ち構えています。モタモタしていると、「早くしてくれ！締め切りだ」とせかされるのです。

　取材記者の立場としては、特派員が引用文として使えるような印象的なフレーズを相手から引き出そうと質問の仕方に気を遣いながら取材をしており、それを的確に伝えるためにレポートを丁寧に仕上げようと配慮します。ところが、特派員はできるだけ早く記事を書きたいので悠長に待つことができないのです。

　こうした場合には、"quick & dirty" という表現が使われます。つまり、「文体などは多少乱れていてもいいから、とにかく迅速に情報をくれ」ということです。

　新聞の使命はできるだけ早く読者にニュースを届けることであり、スピードを要求される媒体なので、"quick & dirty" は正論だなといつも思います。

Chapter **8**

ボキャブラリー

vocabulary

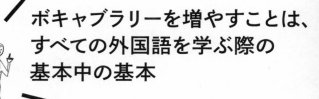

ボキャブラリーを増やすことは、すべての外国語を学ぶ際の基本中の基本

単語を覚えるなんて、つまらないと思うかもしれません。しかし、まずはある程度の数の単語を身に付けなくては話になりません。

なぜか。

赤ちゃんを見ていてもわかるように、人はいきなり話せるようにはなりません。1つひとつ単語を覚えていき、一定の数に達した時点で意思疎通を図れるようになるのです。

もちろん、私たちは赤ん坊ではないので、「まんま」や「あんよ」のような幼児語から暗記を始める必要はありません。普段、自分が使っている日本語の単語を英語でも使えるように増やしていきます。

単語の重要性は、別の角度からも強調できます。

例えば、中国語がまったくわからない人であっても、漢字（単語）の意味がわかれば、100%とは言わないまでもなんとなく文章の意味をつかめるでしょう。

英語もこれと同じで、ある程度のボキャブラリーがあれば、グラマーやリーディングの力が多少不足していてもおおよその意味をつかむ手がかりになります。

言うまでもなく、ボキャブラリーだけを突出して伸ばしていっても意味はありません。これは「スピーキング」の章で触れた木桶のたとえで説明したとおりです。ただし、スピーキングやリーディング、リスニングの基礎となるのはボキャブラリーであり、語学学習者がどうしても通らなければならない道だと認識してください。

覚えるべき単語数

　2017年に学習指導要領が改訂され、2020年からは小学5年生になると正式な教科として英語を学ぶようになりました。新学習指導要領によると、6年生修了時には600〜700語程度の単語を履修すると記されています。また同じく中学校学習指導要領では小学校で学習した単語に1,600〜1,800語の新語を加えると謳われていますので、中学卒業時には最大で2,500語を学んでいる計算になります。

　ちなみに、東大に受かるレベルのボキャブラリー力を身に付けるには、最低でも6,000語の英単語を記憶する必要があるそうです。

　CNNやABCのような米メディアのニュースを見るには、5,000語程度のボキャブラリーがあれば理解できるでしょう。特にCNNは高校生でもわかるような英単語を使うようにしているので、ハードルはそれほど高くはありません。

　一方、ビジネスで使ったり、新聞や雑誌を読むには8,000〜10,000語、小説を読むとなると、10,000〜12,000語の

ボキャブラリーが必要と言われています。

　まずは5,000語あたりを習得することを目標とし、最終的には10,000語を目指すべきでしょう。

　こういう話をすると、自分にどれくらいの語彙力があるか調べてみたいと思うのが人情です。

　そこで役に立つのが、Weblioやアルクのネットサイト、アプリです。これらのサイトでは簡単にボキャブラリー力の自己診断ができるので、一度試してみてください。

レコメンドサイト＆アプリ

Weblio 語彙力診断テスト（総合診断）
https://uwl.weblio.jp/vocab-index

アルク 英単語パス（単語レベル診断搭載）アプリ

Quizlet（アップグレード版 Quizlet Plus は有料）
https://quizlet.com/ja
https://quizlet.com/topic/languages/english/

無料のオンライン単語カードを「学習セット」として自作でき、数パターンのテストを繰り返すことで定着度を確認することができます。ゲーム的なテストもあり、隙間時間に気軽に学習ができます。また、他のユーザーが作成した「学習セット」を取り込み、編集したり、自分の学習セットを公開することで、知識の共有が可能です。

1日5つの新しい単語の習得に挑戦してみよう

　単語は、①見て、②聞いて、③書いて、④声に出してみて、さらにはそれを⑤使って覚えるのが効率的です。見ているだけでは絶対に忘れてしまいます。新しい単語を覚えるときは、この5つを必ず行うようにします。

　特に、手書きで何度も書くことは非常に大切で、プロの通訳者も新しい単語を覚える際には同じことをしています。つまり、人間の五感をフル活用して自分の中にたたき込んでいくのです。

　英単語についてよく言われるのは、**1,000 語が1つの境界線で、これを超えると話せたり、読めたりする幅が一気に広がっていくということです。**現時点で 1,000 語のボキャブラリーがない人は、ここを目標にしてみてください。

　1,000 語以上のボキャブラリーがある人も含め、まずは1日5単語を覚えるというタスクを自分に課し、これを30 日間続けてみてはいかがでしょうか。

　達成できれば、現時点で身に付いている単語数に加え、月 150 語、半年で 900 語が上乗せされます。

　ここまで増やすことができれば、間違いなく「見える世

界」が変わります。簡単なことではありませんが、チャレンジしてみる価値は強調してもしすぎないくらいです。

　毎日覚える5単語をどうやって見つけるかは、『ニューヨークタイムズ』やCNN、BBCなどの英語サイトに目を通し、自分がわからない単語を5つピックアップしてもよいでしょう。これらのサイトには、政治や経済などのお堅い記事ばかりではなく、カルチャーやスポーツなどの記事も掲載されているので、興味がわくものを必ず見つけられるはずです。

　その他、自分が学習教材として使っている素材から重要な単語を5つ選んでもかまいません。

　いずれにしても、これらを地道に続けてみるのです。

　最初はつらいかもしれませんが、これは英語を習得するためには誰もが通らなくてはならない道なのです。

　繰り返しますが、これを乗り越えれば新たな英語の世界が目の前に広がります。この世界に到達したときの喜びを想像しながら、ボキャブラリーを増やしていってください。

英単語を頭の中に定着させる方法

　ボキャブラリーを増やしていくコツの1つは、知らない単語に遭遇するチャンスを無駄にしないことです。

　そのためには、知らない単語に出くわしたら、面倒くさがらずに記録することです。

　電子辞書を持っていれば、単語帳機能を活用してもよい

でしょう。もしくは、辞書アプリに記録します。

　以前の記憶がまだ消えていないタイミングで同じ単語に触れることがあると、より高い確率でその単語の意味は頭の中に定着していきます。

　こうしたことを何度も経験している私は、わからなくて調べた単語が翌日に再び出てきたりすると、「またお会いしましたね！ラッキー」と思ってしまうくらいです。

　英単語との"再会"を増やすには、多読をすることです。

　受験勉強でよく使われる単語集などを使って覚えようとする人もいるかもしれませんが、羅列した単語をただ眺めているだけでは覚えることは困難です。

　ピクチャーディクショナリーのように単語とイラストを連動して確認できる教材で覚えたり、絵本のストーリーと関連付けて頭に定着させたほうが、結果的に効率を上げることができます。

　それ以外の方法としては、Encyclopedia（百科事典）や World Almanac（世界年鑑）を読むのもおすすめです。写真やイラストが多く掲載されているのでわかりやすく、様々な知識も吸収できるので一石二鳥と言ってよいでしょう。

付箋紙を使った英単語の覚え方

ベストセラーとなった小説『博士の愛した数式』（小川洋子著／新潮社）には、覚えたことを80分後に忘れてしまうという博士が登場します。そんな彼が、物忘れの対策として行っているのが、あちこちにメモを貼ってすぐに思い出せるようにする方法です。

これをまねて、身の回りの物に付箋紙を貼って英単語を覚えていきましょう。

まずは家の中の家具や家電に、英語名を書いた付箋紙をペタペタと貼ってみます。

冷蔵庫（a refrigerator）や洗濯機（a washing machine）などは序の口です。貼っていくうちに、英語で何と言うのかわからないものがたくさんあることに気が付くはずです。

例えば、ドアの蝶番。これは「hinges」と言います。続いて、食器棚（a cupboard）、タンス（a chest）、二段ベッド（a bunk bed）、コンセント（an outlet / a plug socket）など、覚えておきたい英単語が数多くあります。

次にオフィスの場合はどうでしょうか。引き出し（a drawer）、回転椅子（a swivel chair）、ブラインド（a window shade）、電気スタンド（a desk lamp）など、覚えておくと役に立ちそうな単語があふれています。

あらゆる場面を活用し、1つでも多くの英単語を覚えるようにしてください。

退屈しないボキャブラリーの増やし方

　楽しみながらボキャブラリーを増やす方法も紹介しておきます。

　例えば、『ニューヨークタイムズ』の紙面にはクロスワードパズルの欄があり、絶大な人気を誇っています。たかがクロスワードパズルなどと思ってはいけません。本社にはクロスワード専門の名物エディターがおり、高いクオリティを維持しています。

　『ニューヨークタイムズ』のクロスワードパズルは、月曜日が最も簡単で、土曜日に向かって段々難しくなっていきます。本や雑誌を読むのが難しければ、ゲーム性の高いパズルなどを通して英単語に触れてもよいでしょう。

　『ニューヨークタイムズ』のクロスワードパズル「The Crossword」は有料ですが、ミニバージョンの「The Mini」は無料なので試してみてください。その他にも無料のクロスワードパズルのサイトやアプリはたくさんあるので、気に入ったものをダウンロードして通勤時間などに楽しみながら覚えていきましょう。

　英語のクロスワードパズルがおすすめなのは、設問が英語で書いてある点です。例えば、「an ancient gigantic structure in Egypt, which is famous worldwide.」（エジプトにある世界的に有名な巨大建造物）と書いてあれば、この説明文に含まれる英単語も覚えられます。遊び感覚でボキャブラリーを増やしていくこともできるのです。

英単語は実際に使ってみることで覚えられる

　新しい英単語を覚える際、多くの人が目で見て認識するだけで満足してしまうのではないでしょうか。しかし、覚えるためにはこれでは十分ではありません。その単語の聞き取りができ、さらには発音できるようになって、初めて自分のボキャブラリーになるのです。

　新しい英単語の覚え方としては、やはり実際に書いてみることがベストです。

　スペルを覚えると同時に、正しい発音も確認してください。電子辞書または WeblioやFORVOなどのサイトにアクセスすれば、ネイティブによる正しい発音を聞くことができます。

　スペルを覚えることができたら、その英単語を使ってセンテンスを書き、ノートやカードや単語アプリなど自分が使いやすいようにオリジナルデータベースとしてストックしておきます。

　後日、英語を使う機会を見つけたら、実際にそのセンテンスを使って会話してみるのです。

　こうした意識的な行動を続けていけば、あなたのボキャブラリーは確実に増えていきます。

　私も常に、いつか使うための英単語のストックを抱えています。機会を見つけてはそれらを使い、記憶に刻み込んでいるのです。そしてまた新しい単語を見つけては使い、

忘れそうになると時々ストックを見直すという作業を繰り返しています。

　覚えたいと思っている英単語を使い、それが実際に通じたときには、ちょっとした感動を味わえます。ぜひ試してみてください。

レコメンド教材＆サイト

『Duo 3.0』
鈴木陽一著／アイシーピー

2,600の単語・熟語で構成された560の例文がひねりが効いていて、繰り返し読むうちに不思議に記憶に残っていきます。

- -

『英単語の語源図鑑』
清水建二、すずきひろし著／かんき出版

英単語を丸暗記するのが苦手な人でも、視覚を通して単語の意味を理解できるようになる図鑑です。

- -

BBC Learning English
Basic vocabulary with 6 Minute Vocabulary
https://www.bbc.co.uk/learningenglish/english/
basic-vocabulary

ボキャブラリーを形容詞、副詞、句動詞、似た意味の単語など6分間で解説しています。（中上級）

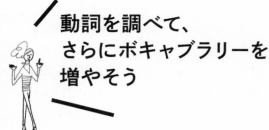

動詞を調べて、さらにボキャブラリーを増やそう

ボキャブラリーを増やすための方法は、まだまだいくらでも出てきます。

例えば、自分の動作を表す動詞を調べてみるのです。「drink water」なら誰でも知っているでしょうが、「水を一口飲む」となると、少し難しくなっていきます。答えは「take a sip of water」。「a sip」が「一口」に当たる英単語です。

この他、自分の仕事で頻繁に使う用語をリスト化し、それらの用語の英単語を調べて実際に書いていくという方法もあります。これを習慣にできれば、ボキャブラリーを効率的に増やすことができます。

仕事で使う英単語を調べる作業は、私も常に行っています。仕事柄、様々な人に話を聞きに行くことがあるのですが、インタビューをする際には事前に相手の業界に関係する単語、用語を日本語と英語のセットで調べる作業は欠かせません。

効率的なのは熟語を覚えること

　「take」や「put」「get」のような動詞は、「in」や「out」「up」「on」などの前置詞や副詞と共に熟語として使われる場合が多くあります。

　そこで、動詞を覚える際には、これら前置詞もセットで覚えましょう。意味が混乱しないように、体を動かすなどして、頭の中だけでなく、具体的な動作と連動しながら覚えてください。いくつかの代表的な熟語を紹介しておきます。

① take
「take away」（〜を持っていく、取り除く）、「take on」（〜を引き受ける、相手する）、「take over」（〜を引き継ぐ、接収する）、「take off」（〜を脱ぐ、取り除く）

② put
「put up with」（〜を我慢する）、「put on」（〜を着る、はく、被る）、「put off」（〜を延期する、言い逃れをする）、「put out」（〜を消す、追い出す、解雇する）

③ look
「look after」（〜の世話をする）、「look into」（〜をのぞき込む、調査する）、「look out」（〜を警戒する）、「look up」（〜を見上げる、調べる）、「look on」（〜と見なす、見物する）

④ get

「get off」（〜を降りる、退社する）、「get on」（〜に乗る、何とかやっていく）、「get over」（〜を乗り越える、回復する）、「get along」（先へ進む、仲良くやっていく）

⑤ run

「run into」（〜に衝突する、偶然会う）、「run out」（流れ出る、尽きる）、「run across」（〜に偶然出会う、〜を偶然見つける）、「run after」（〜の後を追う）、「run over」（〜を轢く）

　コロケーション（連語）に着目して複数の英単語をセットで覚えてもよいでしょう。ある１つの単語と相性よく慣用的につながる単語があります。

　例えば、「political」なら、「political science」（政治学）、「political party」（政党）。「social」なら、「social security」（社会保障）、「corporate social responsibility」（CSR、企業の社会的責任）といった具合です。

　「production」であれば、「food production」（食料生産）、「industrial production」（工業生産）、「mass production」（大量生産）などがあります。

身近なところに目を向けて 英単語を攻略

　単語といっても、「apple」や「car」のようなあまりに簡単な英単語ばかりだと、誰だって退屈してしまいます。

　これを避けるには、自分の興味のある分野の英単語に目を向け、自分独自の単語帳を作ることです。

　単語を暗記するというのは地味で忍耐のいる作業なので、途中で挫折しないように面白いと感じられるものと関連付けていく。これが長続きさせるコツです。

　ヨガが好きな人なら、「inhale」(吸う)、「exhale」(吐く)、「stretch」(伸ばす)、「abdominal breathing」(腹式呼吸)などは、身近な用語として覚えやすいでしょう。その他、サッカーやゴルフに関する英単語も、実際に体を動かしながら覚えていけます。

　市販の単語の本で勉強するよりも、「マイ単語帳」を作ったほうが断然面白く、覚えた単語を実際に使える確率も高いはずです。使えば使うほど自然に身に付いていくので、マイ単語帳のメリットはかなり大きいと言ってよいでしょう。

ちなみに、数々の要人の通訳を担当し、日本の通訳界の重鎮である長井鞠子さんも、依頼を受けた仕事に対して常に準備を欠かさず、テーマごとに手書きの単語帳を作るそうです。

　マイ単語帳作りはトッププロ通訳者も実践している作業ですので、ぜひ積極的に取り入れてみてください。

名詞に限定してボキャブラリーを一気に増強

　ボキャブラリーを増やすために、最も多く使用される名詞に絞って覚えていく方法もあります。

　日本語では十分になじみのある動物や植物の名前も、いざ英語名となると知らないことがあります。これらを片っ端から覚えていくだけでも、かなりの数になるでしょう。

　また、外国に行った場合に知っておくと便利なのが、病気や不調、体の部位に関する名詞です。

　例えば、捻挫は、「sprain」［spréin］（スプ**レイ**ン）と言います。その他、便秘「constipation」［kὰnstəpéiʃən］（コンスティ**ペイ**ション）、盲腸炎「appendicitis」［əpèndəsáitis］（アペンディ**サイ**ティス）など、知っておくといざというときに役に立つ単語を調べるのも実用的です。

　腹痛「stomachache」［stʌ́məkèik］（ス**タ**マケイク）、頭痛「headache」［hédèik］（**ヘ**デイク）、水疱瘡「chicken pox」［tʃíkən pὰks］（**チ**キン・**ポ**クス）、はしか「measles」［míːzlz］（**ミ**ーズルズ）、おたふく風邪「mumps」［mʌ́mps］（**マン**プス）なども常識的な知識として覚えて

おくと、病気になった際に役に立つことがあるかもしれません。

　日常よく使う単語は、カテゴリーごとにまとめ、整理しておくとよいでしょう。

微妙なニュアンスの違いを吟味して使い分ける

　日本語と英語の語感の違いによって、単語を使い分けるようにできれば習熟度はぐっと上がってきます。例えば、「におい」という名詞にあたる言葉の場合、どんなにおいかによって、「匂い」と「臭い」の2つを使い分けたり、「香り」などと言い換えたりします。英語の場合でも、文脈によって豊かな単語の使い分けがあります。一般的に思いつく単語は、「smell」ですが、その他には、「odor」「scent」「aroma」「fragrance」などがあります。さらには、動詞でも「走る」、「奔る」、「駆ける」、「暴走する」などそれぞれニュアンスの違いがあるように、「run」「jog」「dash」「stride」「sprint」「gallop」などを主語や状況によって使い分けています。

　日本語から英語に訳す場合に、「考える」の場合、定番の「think」ばかりを使って訳しがちですが、「believe」「know」「assume」「consider」「understand」「mull」「ponder」「contemplate」「meditate」など、微妙なニュアンスの違いを使い分けることができるよう、辞書で吟味をしてみる時間を作ってみてください。

覚えるのと同時に、
忘れてもいいという開き直り

　人間は忘れる生き物です。忘れることを怖がっていては
何もできません。

　以前に仕事で長野県を訪問した際のこと。「イナゴの佃
煮」についてクライアントに説明しようとしたのですが、
「locust」という単語が頭に浮かばず、「あー、イナゴって
何て言うんだっけ……」と困ったことがあります。

　このときは「a kind of insect, like a grasshopper」
と説明してその場をどうにかしのぎましたが、長野県に縁
のある人にとっては、「locust」は、知っていて当然の必
須単語でしょう。

　私のオフィスは、旧築地市場の真向かいに位置していま
す。ここには年間を通して、本社や他の海外支局から上司
や同僚がたくさん訪れます。彼らを築地市場内に案内した
こともよくあり、魚に関する英単語にはかなり詳しくなり
ました。

　ところが、あるとき「なまこ」の英単語をど忘れしてし
まい、悔しい思いをしました。

　なまこの他には、「flounder」（ひらめ／かれい）も魚
市場、寿司の関連用語として忘れてはならない英単語です。

伝えたいことがあるのに、なかなか英単語が出てこなくて、もどかしい経験をした人は多いと思います。こうした悔しい思いをしないためにも、ボキャブラリーを増やすと同時に、それを維持していくために時々見直す時間を割いてください。

　ちなみに、なまこは「sea cucumber」と言います。漢方薬として珍重され、日本からの輸出も多い貴重な海産物です。

　なまこの密漁が多いというニュースもあり、ど忘れしてはいけない単語でしたが、忘れた単語が繰り返し出てくれば、いずれは覚えられるものと割り切るくらいでちょうどよいでしょう。

重要なのは英語と日本語の両方に精通すること

　日本語で知らない単語は英語でも知らない場合がほとんどです。

　しかしその一方で、最初に英語で新しい言葉を知り、その意味を日本語で調べて知識が増えるという経験をすることもあります。これは外国語を学ぶ際の恩恵です。

　英語学習者は、英語を学ぶうちに日本語も上達したという話をよくします。

　私自身、日々、日本語から英語、英語から日本語への通訳をしているので、知らない言葉には敏感に反応し、日本語と英語の両方の意味を調べてしまいます。

　それだけでなく、何らかの物事が頭に浮かぶと、両方の

言語で正確に伝えるにはどうしたらよいかと反射的に考えることが癖になっています。

　外国メディアの記者というと、英語のスキルばかりが注目されがちです。しかし、日本を取材拠点として働く現地記者たちは、自国の事情、言語にも精通していなくてはなりません。その知識があってこそ、アメリカ本社から派遣される特派員の黒子となって取材の手助けができるのです。このことは、世界中にあるニューヨークタイムズの支局で働く現地記者に共通しています。

　記者に限った話ではなく、英語を上手に使いたいのであれば、日本語のレベルも同時に上げて「言語」のセンスを磨くことが大切なのだと意識しておきましょう。

レコメンド教材

『ジャンル別 トレンド日米表現辞典 第4版』
石山宏一、岩津圭介編／小学館

- -

『プログレッシブ 英語コロケーション辞典』
塚本倫久著、Jon Blundell 英文校閲／小学館

- -

『最新日米口語辞典【決定版】』
エドワード・G・サイデンステッカー、松本道弘共編／朝日出版社
既存の和英辞書にはない、訳しにくい実用的な口語表現や新語が多数、収録された増補改訂版。

現地取材記者が行う日々の
仕事とは？

　私のような現地採用の取材記者の主な職務は、特派員に代わって日本語で取材したり、または取材に同行して通訳をすることです。私が取材したものに関しては、その内容を英文でレポートとしてまとめ、実際の記事を執筆する特派員に提出しなくてはなりません。

　その上で、特派員は受け取ったレポートや自身で取材した素材をもとにして記事を書き上げます。

　エディターに送稿する前には、原稿のファクトチェックをする必要があります。特派員の書いた原稿に目を通し、文言のニュアンスの違いや事実関係、数字、人名、肩書、名称などについて間違いがないか確認していきます。

　この他に重要なのが、取材ネタを見つけることです。

　日本の中で関心を集めているテーマについて常にアンテナを張り、それを特派員に伝えて、日本発の記事として取り上げるかどうか判断してもらうのです。

　その後、いざ取材しようということになれば、インタビュー相手に取材依頼をしたり、政治家や省庁の担当者から話を聞く準備をしなくてはいけません。さらに、統計データが必要であれば、それを探して必要と思われる箇所をピックアップ

し、整理した上で英訳することもあります。

　日々こうした作業を繰り返し、日本発の記事が本国の新聞紙面とウェブサイトに掲載されるのです。

　記事の最後には、"Hisako Ueno contributed reporting." とクレジットが明記されるのですが、これを見てようやくホッと一息つけることになります。

取材における苦労

　突発事故や世間を驚かせるような事件が起きると、取材は必然的に苛烈になっていくものです。

　殺人事件が起これば、被害者のご家族や近所に話を聞きに行くこともあります。この場合、被害者の関係者と接触するまでに相当の労力を費やさなくてはなりません。

　当然ながら彼らは表に出てこようとしないので、少ない情報を頼りにここだという家を探し出して訪ねていくこともあります。

　アポなしで玄関の呼び鈴をならすときは、何とも言い難い嫌な気分に陥ります。探し当てたとしても、怒鳴られて取材拒否されてしまう場合も多いので、被害者の関係者への取材をするときはいつも気持ちが落ち込むものです。しかし、これも仕事だと思って自分を奮起させ、覚悟を決めるしかありません。

　通り魔事件や集団殺人事件のような悲惨な事件や地震や火

山噴火などの自然災害が発生すれば、すぐに現場に駆け付けなくては新聞社としては失格です。もちろん、自分たちだけでなく、内外のマスコミも殺到します。

　関係者が現地で会見を開くようなことになれば、その人物の周りに記者たちが押し寄せ、コメントを取ろうと騒然とした雰囲気に包まれます。

　こういうケースでは、男性記者たちに比べると格段に身長の低い私は圧倒的に不利な立場に追い込まれがちです。前方に場所を確保できれば問題ないのですが、出足が遅れて報道陣の黒い人だかりの後ろに立つと何も見えないだけでなく、肝心のコメントを聞くこともできません。

　こんなときは、最終手段として男性記者たちの足元をかき分けて、少しでも前のほうに潜り込んで進んでいくしかありません。

　ところが、途中でもみくちゃにされて、気が付けば前の人のお尻に顔が押し付けられているなんてこともありました。

　企業の不祥事などが発覚し、緊急記者会見が開かれるとなれば、タクシーを飛ばして会見場に急行することもあります。日本を代表する世界的な企業にまつわるニュースとなれば、駆け付けて、速報しなくてはなりません。

　自分の取材データがもととなり、記事が作成されていくのですから、取材の際には常に気を引き締めて
臨むようにしています。

外国の新聞社の記者ではありますが、日々の取材に伴うこうした苦労は、日本の新聞社の記者らと同様で、さらに非日本的な独特な視点で現場の状況を報道することが求められるため、特殊な職業だなと感じます。

福島第一原子力発電所を取材する筆者（2017.2.21）

Chapter 9

ライティング

writing

SNSで情報発信して、
ライティングのレベルをアップ

　十数年前と今が大きく違うのはSNSの存在です。この SNSは全世界とつながることができ、英語学習には強い 味方となるツールです。

　TwitterやFacebookのアカウントを持っているなら、 英語による書き込みを定期的に続けていくと、気軽なライ ティングのよい練習になります。

　何かを発信し、それに対して反応があれば、ひとまず意 思疎通ができたということです。そこを足掛かりにして、 コンスタントに書き込みを続けていくとよいでしょう。

　SNSの書き込みの際にも、最初は誰かの英文の書き込 みをまねしながら、単語を入れ替えてセンテンスを作って みてください。

　理想は、まねをしているうちに自分で英作文ができるよ うになり、独自のスタイルが完成していくことです。そう なればライティングへの苦手意識はなくなるでしょう。

まずは模倣から始めるのがライティングのコツ

　どんな芸術家も、まずは模倣のデッサンから描き始める といいます。高名な書家も、名を成すまでには先達の書を

お手本に何度も繰り返し書き続け、練習するものです。

英語のライティングを習得する際も、これと同じ考えを導入するとよいと思います。

英語で書かれた文書やEメールの文章をコピーして、用途によって個別の英単語を差し替えるのです。ここをまずは出発点としましょう。

適切な英単語に差し替えていくのが難しいようなら、英文の全文書き写しをして、コツをつかんでいってください。

小学校の国語の宿題で教科書の内容を書き写したことがあると思いますが、それと同じことを英語でもするのです。

お手本とする英文はお好みで結構ですが、ビジネスパーソンであれば、ビジネスレターを使うとよいでしょう。これらの英文には定型表現が多いので、応用して使いこなすことができます。

新聞の英文をお手本にする場合は、Obituary（追悼記事）がおすすめです。

これらの記事では、故人に関する最重要情報（業績、死因、年齢）が第1段落にすべてちりばめられており、その後に生い立ちなどが続いていくのが典型的なパターンとなります。

全体を通して落ち着いたトーンが維持され、故人の功績に敬意を払う形で丁寧な表現が使われているので、ライティングのお手本に適しています。

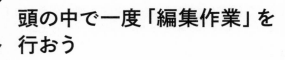

頭の中で一度「編集作業」を行おう

　英語を書いたり、話したりする際、頭に浮かんだ日本語を直接英語に置き換えると、語順の違いに影響されて支離滅裂になって自滅してしまうことがよくあります。これを避けるには、伝えようとした日本語の内容を頭の中で編集してから英語に変換する作業が必要です。

　一度分解して、短くシンプルな構成に落とし込んで、英文に組み立て直すのです。通訳者はこの作業を終始行い、時として長々となりがちな話者の言葉を素早く編集しています。

　以前、パリに住んでいた私の友人のカメラマンのブログの文章を参考にしながら、実際に考えていきましょう。

　原文：パリに格安で暗室を借りていたところ、諸事情で閉めざるを得なくなり困っているが、家賃の高いパリで暗室を作れるだけのスペースを借りるとなると15〜20万円が毎月飛んでしまうので、どうしようか迷っている。

　一気に書き綴った勢いのある文章です。この1文をそのまま英文にすると、おそらく途中で行き詰まってしまうで

しょう。これを避けるために、次のように頭の中で論点を整理し、再編集して、文章を改めて構築する作業が必要なのです。

①パリの格安の暗室を借りていた。しかし色々な事情により、閉鎖しなくてはならない事態になった。

②もしパリで暗室付き物件を借りる場合、それだけで月15万〜20万円かかる。なぜならパリの家賃は高いから。

③どうしようか迷っている。

　このように、長い文章をひとまず短く細切れに分解し、わかりやすくしていきます。そしてその後に、英語の文を再構築していくのです。

① In Paris, I rented a very reasonable darkroom, but I had to stop using it for various reasons.

② If I rent an apartment with a darkroom, it could cost at least 150,000 or 200,000 yen a month. Rents in Paris are very high!

③ So I don't know what I should do.

　いかがでしょうか。長い文章もこうして短く整理してい

けば、簡潔に言い換えることができます。

　ちなみに、この友人はドイツのライプツィヒに手頃な物件を見つけ、引っ越しを果たしたそうです。

　文法体系がまったく異なる外国語ですから、最初のうちは手間取っても仕方ありません。原文の長さに面食らうのではなく、全体の意味を捉えて、この編集・構築プロセスを繰り返すことを心がけましょう。

　いわゆるバイリンガルの人は、この変換プロセスを頭の中で自然に処理しているのかもしれませんが、純ジャパの場合は、日本語に支配されすぎてしまうので、この「脳内編集作業」を常に心がけてください。

レコメンド教材

『英語でロジカル・シンキング』
遠田和子著／研究社
英語ディベートの手法に基づき、積み木を組むイメージで論理を組み立てて、様々なトピックについて議論をする練習ができます。

書く作業は
英語力の精度を上げる

　ライティングに自信が付いてきたら、英語の小説や新聞、雑誌の記事のサマリー（要約）を書いてみてください。その際には、実際の文章で使われている単語やフレーズを積極的に引用していきます。

　ここで大事なのは、とにかく書いてみること。間違っていても一向にかまいません。お気に入りの新聞や雑誌の記事や文学作品などは、恰好の素材になるはずです。

　映画や本のレビューを書くのもいいアイデアです。思いついたことや感想を自由に作文してみてください。

　書く作業は、じっくりと構成を考えることができ、時間をかけてグラマーを正しく確認することができるため、英語の精度を高める上で効果的な練習です。でき上がった文章を音読する練習も組み合わせてみましょう。

　気に入ったフレーズを集め、今後使えるなと思ったら、ぜひストックしてください。

　私は、付箋紙に走り書きをしたフレーズをパソコンのモニターにちりばめて、それらをちょくちょく見返して風化しないようにしています。

　また、取材メモやメールを書くときには、それらのフレーズを実際に使い、自分のものにするように心がけています。

日記を書いてみるのもライティングのよい練習です。その際には、「I」以外の主語で始まるセンテンスを書けるように工夫しましょう。

例えば、自分が見た景色を説明する際は、

「The Shimanto River runs through mountains and the water is clear and pure.」（四万十川は山間を流れていて、川の水はとても清らかできれいだ。）

と、「I」を使わずに表現できるように努めてください。

もしくは、第三者やペットを主人公として主語に使うルールを設け、三人称単数の動詞の変化をつける練習としてもいいでしょう。

手帳も英語で書いてみる

　英語で手帳を書くことも、手軽なライティングの訓練になります。特に難しいことを書く必要はありません。

Meeting with friends in Shinjuku at seven.
（7時に友達と新宿で会う。）
Pick up kids at five.
（5時に子どもたちの迎え。）
Go grocery shopping.（食料品を買いに行く。）
New Year's party with clients.（クライアントと新年会。）

　慣れるのが目的なので、内容はこの程度で十分です。

　予定だけでなく、メモも英語で書いていきましょう。その際には、形容詞や副詞の使い方を工夫してください。

　最初のうちは、「good」や「bad」、「big」や「small」などの単純な形容詞を多用してもかまいませんが、慣れてきたら「good」を「excellent」、「bad」を「awful」、「big」を「huge」、「small」を「tiny」などの同意語に替えるように心がけます。さらに、何がどう「good」だったのか、どう「bad」だったのかを表現してください。

　これができると、まさに"カラー"に富んだ英文が書けるようになります。

日本語の作文にも言えますが、形容詞を積極的に使っていくと言葉のセンスがどんどん磨かれていきます。

　また、ライティング全般に当てはまることですが、情景が目に浮かぶような描写ができるようになると、読み手に対するアピール度も高まりますし、何より書いていてとても楽しくなるはずです。

外国メディアに
勤めるということ

アメリカの会社というのは、メディア系に限らず、おおむねオープンな雰囲気の職場が多いようです。

アメリカ人、そしてこのケースではカナダ人も含めていいと思いますが、彼らは頻繁に自分のプライベートのことを話します。

それを象徴するのが、月曜日の朝のオフィスでの会話かもしれません。

週が明けてオフィスに来ると、あいさつ代わりに「How was your weekend?」と雑談を交わすからです。

「It was good.」とか「It was okay.」という返事では無愛想すぎです。時間が許す限り何をしたかについて詳細に話をして盛り上がります。実際、そこから新しい記事のテーマにつながることもよくあり、非常に貴重な情報交換の時間になります。

オフィスの机の上には家族の写真を置いている人も多く、その写真がきっかけで、家族の話題になることもよくあります。

当然ですが、自分の家族のことを一方的に話すだけでなく、

相手の家族についても質問します。私の上司や同僚は、新聞記者という職業が影響しているのか、本当に様々な事柄を尋ねてきます。

このような文化があるので、常日頃から自分や家族について話せるように、話題をストックしておくことが大切です。

外国人と日本人の家族に対する意識には大きな差があり、こうした違いを目の当たりにする機会もよくあります。

以前、日本の家族について取材することがあり、女子高生にインタビューをしました。その際、特派員が彼女の父親について質問すると、「父親とはもう何年間もじっくりと話をしていない」と答えたのです。

それを通訳して特派員に伝えると、父親でもある彼は、非常に悲しそうな表情をしていました。

彼女以外にも何人かの女子高生に父親について語ってもらいましたが、「汚い」「いると邪魔」「だらしない」という答えがたくさん返ってきて、特派員をかなり驚かせていました。

ここが日本と外国の文化が大きく異なるところと言ってよいでしょう。日本では、謙遜の気持ちが働きすぎるせいか、はたまた愛情の裏返しなのか、配偶者や子どもたちについてあえて悪く言ったりします。しかし、外国では人前で家族の悪口を言う人はほとんどいません。

こうした文化の違いを解説してあげれば、それはそれで話

の種になりますが、家族のことを聞かれていきなり「うちの
バカ息子が大学に合格しまして……」「My foolish son was
accepted at a university.」なんて言ってしまうと、「なぜ自
分の息子をバカだなんて言うんだ!!」と、ショックを与えて
しまう恐れがあるので、気を付けなくてはいけません。

　こうした点に注意して、常にポジティブな面、できれば笑
いを取るくらいの意識で会話することが肝心です。

知らないことは決して悪いことではない

　もう少し、私の仕事についての話を続けます。

　世界的な新聞離れの流れには逆らえず、またアジア圏で中
国の重要度が高まったことにより、2008 年、ロサンゼルス
タイムズ東京支局は閉局となりました。

　幸い、仕事の出来が悪くてクビになることはなかった私で
すが、支局がなくなるという事態に直面し、職を失ってしま
います。

　その後、JICA の東京国際センターで 3 年間勤務をする傍
ら、通訳学校の夜間クラスで勉強を続け、2012 年からニュ
ーヨークタイムズ東京支局で取材記者として働くことになり
ました。

　振り返ってみると、帰国子女でもなければ留学経験もない
私が、よくもここまで勤められてきたなと
思うことがあります。

ただただ無我夢中で、何とかこの業界で生き残ってきたというのが率直な感想です。

しかし考えてみると、これまで取材記者として仕事ができたのは、実はアメリカ文化のおかげなのかもしれません。

アメリカ企業であるロサンゼルスタイムズ社とニューヨークタイムズ社で働き、私が何度も救われたと感じたのは、「誰でも最初は知らないことがある。知らないことは決して悪ではない」という寛容性にあふれた社風です。

もちろん、使い物にならなければクビになるという厳しさはあるのですが、少なくとも頭ごなしに「そんなことも知らないのか、ばか者！」と怒鳴られることはありません。

わからなければ、専門家に聞けばいい。読者だって知らないはずだから、彼らが理解できるように専門家にわかりやすく説明してもらおう――。

これが彼らの基本姿勢であり、それに私はいつも助けられたのです。

今思えば、帰国子女や留学組ではなく地方出身者であるというバックグラウンドも、現地の取材記者としてはプラスだったのかもしれません。

地方で事件が起きた場合でも、国内のどんな場所で取材することになっても私には大きな抵抗はありません。地方独特の空気もすんなり理解でき、お年寄りの方言もしっかりと聞き取れます。

こう考えると、純ジャパであったからこその強みもあった
のです。

　そして現在、『ニューヨークタイムズ』での仕事を通じ、
ジャーナリズム界の権威ある賞であるピューリッツァー賞を
受賞した優秀な特派員たちの一流の仕事ぶりを間近で学ぶこ
とができている……。

　恵まれた環境で働いていることを再確認するたびに、私は
いつも身が引き締まる思いに駆られます。

　これまで一貫して英語に関わる仕事をしてきましたが、決
してこれで満足したわけではなく、これからも一学習者とし
て英語力を鍛え続けていくつもりです。英語上達の道はとて
も長く、ゴールはまだ見えそうにありません。

エピローグ

　これまでの人生の中で、私は何度も「英語を何としてでも話したい、聞き取りたい」と心の底から切望する経験をしてきました。

　大学時代に遡ると，短期の研修旅行でアメリカに行ったときの出来事が今でも思い出されます。

　場所はフロリダのハイウェイ。私たち学生を乗せたバスは高速で疾走していました。外の景色を眺めていた後輩が、自分たちが乗るバスのトランクルームからスーツケースがゴロゴロと転げ落ちているのに気付きます。すぐに後部座席の窓から振り返ると、道路上にスーツケースが散乱し、後続車に当たれば大惨事という状況でした。

「すぐにバスを止めなくては！」

　反射的に大声で「STOOOOOOP！」と叫ぶと、バスはどうにか停車しました。その後、運転手さんが数十メートル後方に残されたスーツケースを回収し、事なきを得たのです。

　この研修の期間中には、体調不良で倒れた後輩が救急車で病院へ搬送される事態も発生しています。

　病院まで付き添った際、過去にも同じ症状があったかとドクターが彼女に質問をしたところ、彼女は「『静脈』が細く縮むような症状があった」と、意識を朦朧とさせなが

ら答えたのでした。

　医療用語の知識もなく、とっさに「静脈」という英単語が出てくるわけがありません。かろうじて知っていた「血管」という単語を使い、自分の手首の血管を指差しながら、「blood vessel は2タイプ。赤と青！ そのうち青い管が細くなったことが過去にあるようで……」と、思いつく限りの英語を使い、救急ドクターに状況を伝えるのが精いっぱいでした。

　ホテルに戻ってすぐに辞書で調べた「a vein（静脈）」と「an artery（動脈）」は、今では忘れようにも忘れられない英単語となっています。

　これ以降も、様々な状況で修羅場をくぐり抜けるたびに、何とか英語で意思疎通ができるようになりたいという強い動機を持ち続けてきました。

　その気持ちが人一倍強かったからこそ、今こうして外国メディアの記者を務めているのだと思います。

　次にフロリダのハイウェイでバスのトランクルールからスーツケースが転がり落ちているのを見たら、私は決して「Stop！」とは言わず、車を安全に側道に寄せて停車するという意味の「Pull over!」と運転手に向かって叫ぶでしょう。

　自画自賛になってしまいますが、大学時代のあのころに比べれば、私の英語力はずいぶんと上がりました。

　漠然と「英語力」と言っても、それを何に活用したいの

かは千差万別です。しかし1つ言えるのは、英語を必要とする人は相変わらず増え続けているということです。

　数々のヒット作を手がけてきた敏腕編集者は、「翻訳出版の版権契約を取るために、いち早く原書を自分で読みこなして、良書を発掘したい」と真剣に話していました。

　外務省に勤務していた友人は、「業務で作成する文書を英語できちんと書けるようになりたいけれど、文法が苦手だから」と嘆いていました。

　フリーランスのカメラマンからは、「SNSにアップしている写真プロジェクトを世界の人に見てもらうために解説文を英語にしたいんです。通じるかどうか意見を聞かせてください」と相談されたこともあります。

　若い女性からは、人生の悩みを切り開くために海外の有名なタロット占い師からアドバイスをもらったところ、英語が理解できなくて困っているという話を聞きました。

　本書を手に取ってくれた方たちの目的も人それぞれでしょう。その目的が叶えられるように、皆さんの英語力が少しでも上がっていくことを願っています。

　最後までお読みいただき、ありがとうございました。英語を通して、新たな世界の扉が皆さんの目の前に広がっていくことを心からお祈りしています。

　単行本と同様、新書版の刊行の機会を与えてくださった

252

小学館の編集者・徳田貞幸氏とライターの野口孝行氏に改めて感謝とお礼を申し上げます。

2021年5月　上乃 久子

編集協力	野口孝行
デザイン	高橋久美
イラスト	やのひろこ
写真	高橋健太郎
	佐々木康（P234）
英文校閲	Richard Winton
校閲	迫上真夕子
	小学館出版クォリティーセンター

上乃 久子 [うえの・ひさこ]

世界有数の高級日刊紙『ニューヨークタイムズ』の東京支局記者。
1971年岡山県倉敷市生まれ。1994年に四国学院大学文学部英文科
を卒業後、同大学の事務職に就職する。その後、東京都内のバイリン
ガル雑誌社、翻訳会社、『ロサンゼルスタイムズ』東京支局、国際協
力機構（JICA）を経て、現職。サイマル・アカデミー同時通訳科修了。
米国ヨガアライアンス RYT200 認定講師。
https://www.nytimes.com

編集：徳田貞幸

純ジャパニーズの
迷わない英語勉強法　増補版

2021年6月8日　初版第1刷発行

著者	上乃 久子
発行人	金川 浩
発行所	株式会社小学館
	〒101-8001　東京都千代田区一ツ橋2-3-1
	電話　編集：03-3230-5170
	販売：03-5281-3555
印刷・製本	中央精版印刷株式会社

純ジャパニーズの迷わない英語勉強法　増補版

上乃久子　**398**

海外生活なし、留学経験なし、でも『ニューヨークタイムズ』の記者になった。高度な英語を使いこなしながら活躍する著者が、この英語力を習得するまでの実践的な学習法を紹介。ウィズ・コロナに完全対応した英語独習法。

映画評論家への逆襲

荒井晴彦・森達也・白石和彌・井上淳一　**399**

ＳＮＳを通じて誰でも映画評論家になれる時代、新聞も週刊誌でもけなす映画評が載らなくなって、映画評論家は当たり障りのない作品の紹介と誉めだけになった。これは脚本家、映画監督による映画批評への逆襲である。

辻政信の真実
失踪60年──伝説の作戦参謀の謎を追う

前田啓介　**401**

「作戦の神様」か「悪魔の参謀」か？ ノモンハン事件、マレー作戦を主導し、戦後は潜伏生活を経てベストセラー作家、国会議員として活躍するも行方不明に……。謎の失踪から60年、作戦参謀の知られざる実像に迫る本格評伝。

バカに唾をかけろ

呉智英　**402**

「狂暴なる論客」が投与する、衆愚社会に抗うための"劇薬"。リベラルが訴える「反差別」「人権」「表現の自由」、保守が唱える「伝統」「尊皇」……自称知識人の言論に潜む無知・無教養をあぶり出す。

稼ぎ続ける力
「定年消滅」時代の新しい仕事論

大前研一　**394**

70歳就業法が施行され、「定年のない時代」がやってくる。「老後破産」のリスクもある中で活路を見いだすには、死ぬまで「稼ぐ力」が必要だ。それにはどんな考え方とスキルが必要なのか──"50代からの働き方改革"指南。

コロナ脳
日本人はデマに殺される

小林よしのり　宮沢孝幸　**395**

テレビは「コロナは怖い」と煽り続けるが、はたして本当なのか？ 漫画家の小林よしのりと、ウイルス学者の宮沢孝幸・京大准教授が、科学的データと歴史的知見をもとに、テレビで報じられない「コロナの真実」を語る。